V&R

Oliver Arnhold / Manfred Karsch

Kooperatives Lernen im kompetenzorientierten Religionsunterricht

20 Beispiele

Link zum E-Book:
http://www.v-r.de/Kooperatives-Lernen
Passwort: MB5.uysY

Vandenhoeck & Ruprecht

Abbildungen
S. 21 f.: SCM Bundes-Verlag; S. 27: V&R; S. 31: Neue Westfälische, Bielefeld; S. 35/61/82: Fotolia; S. 57/59: Julius Schnorr zu Carolsfeld; S. 65: Kath. Filmwerk/Hamburg Media School/Filmwerkstatt, Knut Jäger; S. 75: © Imago Milestone Media; S. 77: Office online; S. 83–88: Manfred Karsch; S. 87 oben links: Holm Schüler; S. 108 f.: Oliver Arnhold
Bibeltexte der Arbeitsblätter C2, E2.1-2.3, F2 und F4 : Lutherbibel, revidierter Text, durchgesehene Ausgabe, © 1999 Deutsche Bibelgesellschaft, Stuttgart.

Mit 52 Abbildungen

Bibliografische Information der Deutschen Nationalbibliothek

Die Deutsche Nationalbibliothek verzeichnet diese Publikation in der Deutschen Nationalbibliografie; detaillierte bibliografische Daten sind im Internet über http://dnb.d-nb.de abrufbar.

ISBN 978-3-525-77683-4

Weitere Ausgaben und Online-Angebote sind erhältlich unter: www.v-r.de

Satz: SchwabScantechnik, Göttingen
Umschlag: SchwabScantechnik, Göttingen
Druck und Bindung: ⊕ Hubert & Co., Göttingen

Gedruckt auf alterungsbeständigem Papier.

Inhalt

Alle Arbeitsblätter finden Sie farbig im E-Book, abrufbar unter dem Link auf der Titelseite.

Einleitung

Ein neues Buch mit Unterrichtsbeispielen – warum eigentlich?

In diesem Buch finden Sie eine Fülle von Unterrichtsbeispielen, Aufgabendesigns und Lernarrangements, die Sie in ihrer Unterrichtspraxis unterstützen. Sie können diese Beispiele direkt übernehmen oder Ihren Bedürfnissen, Ihrer Lerngruppe und Ihrer Lernsituation entsprechend anpassen, in eigene Unterrichtsprojekte integrieren oder die dargestellten Methoden auf andere Inhalte beziehen und anwenden. Ein weiteres Buch also mit Praxisbeispielen wie viele andere auch? Nein! Was ist das Besondere? Was wollen wir erreichen?

Wir stellen Ihnen Praxisbeispiele für kooperative Lernformen im kompetenzorientierten Religionsunterricht vor. Warum sind solche Praxisbeispiele nötig? Unserer Sammlung liegt die Einsicht zugrunde, dass die kompetenzorientierte Bildungsplanung, die sich in vielen neuen Kernlehrplänen zum Evangelischen und Katholischen Religionsunterricht niedergeschlagen hat, für Lehrerinnen und Lehrer noch nicht aufzeigt, wie denn Unterrichtsplanung und Durchführung kompetenzorientiert gestaltet werden kann. Der in der Bildungsplanung eingeläutete Perspektivwechsel muss sich erst noch fachdidaktisch im Unterricht bewähren, sich im Methodenportfolio der Lehrerinnen und Lehrer festsetzen und dort ebenfalls einen Perspektivwechsel anbahnen. Wie kann er gelingen? Unsere Antwort auf diese Frage lautet:

> *Kooperative Lernarrangements sind die geeigneten Methoden und Sozialformen, um kompetenzorientierte religionspädagogische Fachdidaktik in konkreten Unterrichtsplanungen, Unterrichtsprojekten und Gestaltung von Lernaufgaben umzusetzen.*

Unser Ziel ist es also, zwei innovative Konzepte miteinander ins Gespräch zu bringen: Kooperatives Lernen und Kompetenzorientierung. Beide Konzepte leiden an einem gemeinsamen Symptom: Sie sind in der Praxis des Religionsunterrichts noch gar nicht richtig angekommen! Das eine nicht im Erwartungshorizont der Unterrichtsplanung (Ziel), das andere nicht im Methodenportfolio (Weg) von Lehrerinnen und Lehrern, aber auch von Schülerinnen und Schülern. Der Weg ist also auch in diesem Fall das Ziel. »Produkt- und Prozessorientierung müssen beide gleichermaßen berücksichtigt werden. Die Outcome- oder Kompetenzorientierung darf sinnvollerweise nicht dazu führen, dass nach der Prozessqualität von Religionsunterricht gar nicht mehr gefragt wird.«[1] Dieser Forderung von Friedrich Schweitzer möchten wir mit unseren Praxisbeispielen nachkommen, die Schnittmengen von kooperativen Lernformen und Kompetenzorientierung aufzeigen und damit einen Beitrag dazu leisten, wie im Religionsunterricht »guter Unterricht« initiiert und realisiert werden kann.

Wenn Sie möchten, können Sie bereits jetzt anfangen, in den Praxisbeispielen ab Seite 17 zu stöbern, nach Anregungen für Ihren eigenen Unterricht zu suchen und dabei hoffentlich auch fündig werden. Unser Anliegen ist es aber, dass Sie noch einige Seiten weiterlesen, unsere grundlegenden Gedanken zur Kompetenzorientierung im Religionsunterricht nachvollziehen und sich über die pädagogischen und lernpsychologischen Grundlagen des kooperativen Lernens informieren.

Kompetenzorientierung – nur ein bildungspolitischer Paradigmenwechsel?

Der Paradigmenwechsel zur Kompetenzorientierung ist unbestreitbar in der Schule angekommen: in den Bundesländern zu unterschiedlichen Zeitpunkten, in einzelnen Fächern mit mäßiger oder beschleunigter Geschwindigkeit und schließlich auch im Evangelischen Religionsunterricht – zeitversetzt oder en bloc für die einzelnen Schulstufen und Schulformen der jeweiligen Bundesländer.[2] Als Folge der Diskussion um

---

1 Friedrich Schweitzer: Elementarisierung als Weg zum Kompetenzerwerb, in: Ders. (2008), Elementarisierung und Kompetenz. Wie Schülerinnen und Schüler von »gutem Religionsunterricht« profitieren. Neukirchen-Vluyn. S. 22.

2 Einen hilfreichen Überblick über die jeweils aktuellen Lehrpläne bietet Mirjam Zimmermann: http://www.uni-siegen.

die Ergebnisse der PISA-Studien haben die Schulministerien damit ein neues Steuerungsinstrument aus Bildungsstandards, Kompetenzmodellen, Kernlehrplänen und daraus zu entwickelnden schulinternen Fachcurricula geschaffen, das einen grundsätzlichen Paradigmenwechsel in der Schulpolitik einläutet: Die Fokussierung auf Bildungsstandards bedeutet die Abkehr von inhaltsorientierter Lehrplangestaltung hin zum kompetenzorientierten Lehrplandesign. Begriffe wie Input und Output bzw. Outcome kreisen seitdem in den Köpfen der Kolleginnen und Kollegen an den Schulen. Themen und Inhalte sind im Religionsunterricht nicht etwa passé, spielen aber gegenüber den Kompetenzerwartungen eine didaktisch nachgeordnete Rolle. Überspitzt formuliert: Es gibt keine klassischen Lerninhalte mehr, die normativ für den Religionsunterricht aufgrund vorauslaufender theologischer oder religionspädagogischer Diskussion »gesetzt« sind. Lerninhalte müssen sich vor dem Forum der Kompetenzerwartungen so als »geeignet« erweisen, dass mit ihnen jene Kompetenzerwartungen erreicht werden können, die in einigen Lehrplänen als maximaler oder minimaler Horizont gesetzt sind, in anderen einen Regelstandard beschreiben.

Beim Blick in den Kernlehrplan oder das schulinterne Curriculum müssen sich Fachlehrerinnen und Fachlehrer daran gewöhnen, dass ihnen diese Texte Antworten auf eine Frage geben, die sie so noch nicht explizit an einen Lehrplan gestellt haben. Die Fragen lauten nicht mehr: »Was habe ich schon gemacht? Was muss ich noch durchnehmen? Wann und wie muss ich es unterrichten?« Solche Fragen erhalten Antworten, die sich auf Stofforientierung und Stoffverteilung beziehen. Der Fragehorizont hat sich verändert: »Was sollen die Schülerinnen und Schüler können, über welche erwarteten Kenntnisse, Fähigkeiten, Haltungen und Motivationen verfügen sie, wenn sie den Religionsunterricht hinter sich haben?« Kenner der Diskussion um Bildungsstandards und Kompetenzen entdecken hinter dieser Frage die allgegenwärtige Definition von Franz E. Weinert, ohne deren Zitierung ein Beitrag zur kompetenzorientierten Religionsunterricht gegenwärtig nicht auskommt: Kompetenzen sind »die bei Individuen verfügbaren oder durch sie erlernbaren kognitiven Fähigkeiten und Fertigkeiten, um bestimmte Probleme zu lösen, sowie die damit verbundenen motivationalen, volitionalen und sozialen Bereitschaften und Fähigkeiten, um die Problemlösungen in variablen Situationen erfolgreich und verantwortungsvoll nutzen zu können.«[3] Dieser Kompetenzbegriff wird als domänenspezifisch beschrieben und grenzt sich damit von einem ausbildungs- oder berufsspezifischen Kompetenzbegriff und einem allgemeinen Kompetenzbegriff ab, der z. B. dem problemorientierten Religionsunterricht mit seiner Orientierung an epochaltypischen Schlüsselproblemen aus Wolfgang Klafkis bildungstheoretischer Didaktik[4] zugrunde lag. Erwartungshorizont des evangelischen Religionsunterrichts ist also die nachhaltige Aneignung von religiöser Kompetenz, Religionsunterricht erschließt »die religiöse Dimension der Wirklichkeit und des eigenen Lebens.«[5] Nebenbei ist diese Aufgabenbeschreibung eine Legitimation des Religionsunterrichts an öffentlichen Schulen, die jenseits einer schultheoretischen oder kirchlich-theologischen und damit normativ gesetzten Begründung liegt und stattdessen von der Einsicht getragen ist, dass es neben einem mathematisch-naturwissenschaftlichen, ästhetischen oder politischen Zugang zum Verstehen der Weltwirklichkeit auch einen religiösen Zugang gibt, mit dem sich ein Individuum seine Welt erschließt. Diese Weltzugänge stehen sich nicht etwa einander ausschließend gegenüber, sondern ergänzen die Weltsichten des Individuums. Kompetenzorientierung ist damit die konsequente Weiterentwicklung und Fokussierung auf die SchülerInnenorientierung im Religionsunterricht, die zu einer Messlatte geworden ist, mit der gegenwärtige fachdidaktischer Konzepte des Evangelischen Religionsunterrichts zu beurteilen sind.[6] Zu dieser konsequenten Schülerorientierung

de/phil/evantheo/mitarbeiter/zimmermannmirjam/links.html?lang=d. Mit ihren über 60 Dateien offenbart diese Zusammenstellung auch den »Markt der Möglichkeiten«, auf dem sich derzeit die Lehrplangestaltung in Deutschland bewegt. Einen ersten Überblicksvergleich versucht Rainer Möller, Kompetenzorientierte Lehrpläne für die Ev. Religionslehre in der SEK I im Vergleich (http://www.cimuenster.de/biblioinfothek/open_access_pdfs/Kompetenzorientierte_Lehrplaene_fuer_die_Sek_I_im_Vergleich_2012.pdf). Eingesehen zuletzt im Mai 2014. Das Datum gilt auch für alle weiteren Internetquellen in dieser Publikation.

3 Friedrich E. Weinert (2002) (Hg.): Leistungsmessungen in Schulen. Weinheim, S. 27f.

4 Wolfgang Klafki (1985): Neue Studien zur Bildungstheorie und Didaktik. Weinheim und Basel.

5 So der Kernlehrplan Evangelische Religionslehre SEK I in NRW zu den Aufgaben und Zielen des Faches in allen Schulformen stellvertretend für ähnliche Formulierungen in anderen Kernlehrplänen und Bildungsplänen der Bundesländer (http://www.standardsicherung.schulministerium.nrw.de/lehrplaene/kernlehrplaene-sek-i/).

6 Einen Überblick gegenwärtige Konzepte zum Religions-

als Folge der Kompetenzorientierung gehört auch der Begriff der **Anforderungssituation**, den vor allem Gabriele Obst in die Diskussion um *Kompetenzorientiertes Lehren und Lernen im Religionsunterricht*[7] eingebracht hat. Er hat eine doppelte Zielrichtung:

- Zum einen beschreibt er eine gegenwärtige oder künftige Situation, in der Schülerinnen und Schüler ihre im Religionsunterricht erworbene religiöse Kompetenz »anwenden« können und notwendigerweise müssen. Mit dieser Facette des Begriffs greift er über den Religionsunterricht hinaus und bemisst die Qualität des Religionsunterrichts an seiner Nachhaltigkeit.
- Zum anderen beschreibt der Begriff eventuell eine in und für die Unterrichtspraxis konstruierte Situation, die als Impuls oder Anlass für Lernarbeit oder Evaluation von Lernarbeit dienen kann. In dieser Facette konstruiert er den Lebensweltbezug der im Unterricht angebotenen und zu leistenden Lernarbeit.

In seiner doppelten Bedeutung beschreibt der Begriff der Anforderungssituation also die Schnittstelle zwischen Kompetenzorientierung als bildungspolitisches Steuerungsparadigma und einem möglichen fachdidaktischen Perspektivwechsel.[8]

Kompetenzorientierung – eine fachdidaktische Herausforderung!

Die Religionspädagogik und Religionsdidaktik ist auf den Zug der Kompetenzorientierung erst relativ spät aufgesprungen, nach anfänglichem Zögern vor der Gefahr der Standardisierung religiöser Lernprozesse und bei nicht enden wollender und bleibender Kritik. Eine kritische wissenschaftliche Begleitung und Diskussion der »kompetenzorientierten Wende« im Religionsunterricht spiegelt deshalb die Größe und die Bedeutung dieses Paradigmenwechsels.

Unsere tägliche Erfahrung als Theologen, Religionspädagogen und Pädagogen – der eine als Religionslehrer am Gymnasium, Dozent an der Universität sowie als Fachleiter mit den künftigen Lehrkräften in der ersten und zweiten Ausbildungsphase befasst, der andere als kirchlicher Schulreferent in der Fort- und Weiterbildungsarbeit von Lehrkräften, die das Fach Ev. Religionslehre unterrichten oder unterrichten wollen – ist eine andere: Die Kompetenzorientierung ist zwar in Form der Kernlehrpläne und schulinternen Curricula in der Schule angekommen, aber längst noch nicht in der Unterrichtspraxis bewährt und fachdidaktisch noch keineswegs zu Ende gedacht. Dabei ist nicht etwa das »Bauchgefühl« einiger Lehrkräften maßgebend, die mit dem Paradigmenwechsel den Verlust möglicher »klassischer Inhalte« und damit bewährter Unterrichtseinheiten betrauern, sondern die vielmehr ernstzunehmende Ratlosigkeit vieler Kolleginnen und Kollegen: »Wie plane, gestalte und unterrichte ich eigentlich Evangelische Religionslehre kompetenzorientiert?« Angesichts des bildungspolitischen Paradigmenwechsel sollte allerdings die Feststellung von Uta Pohl-Patalong deutlich werden: »›Kompetenzorientierung‹ kann daher auf Dauer vermutlich kaum als ein optionales religionspädagogisches Konzept verstanden werden, das gleichberechtigt neben anderen Konzepten zu stehen kommt.«[9] Kompetenzorientierung wird langfristig der fachdidaktische Reverenzrahmen sein, auf den sich andere aktuelle fachdidaktische Konzepte beziehen.[10]

Religiöse Kompetenz und die »Pluszeichen auf den Kirchtürmen«

Kompetenzmodelle sind Versuche und Hilfsmittel, die Fähigkeiten, Haltungen und Handlungsdispositionen analysieren und beschreiben, mit denen ein Individuum die oben genannten Anforderungssituationen der religiösen Weltdeutung bewältigen kann. Einen ersten Schritt, auf den fahrenden Zug der Kompetenzorientierung aufzuspringen, bedeutete deshalb für

unterricht bieten Bernhard Grümme/Hartmut Lenhard/Manfred L. Pirner (Hg.) (2012): Religionsunterricht neu denken – Innovative Ansätze und Perspektiven der Religionsdidaktik. Stuttgart.

7 Gabriele Obst (^{3}2010): Kompetenzorientiertes Lehren und Lernen im Religionsunterricht. Göttingen. Dort vor allem S. 146 ff.

8 Die Rezeption des Begriffs der Anforderungssituation ist in der Religionspädagogik nicht unbestritten. Bärbel Husmann: Anforderungssituationen – Ein Muss bei der Gestaltung von Lernaufgaben für religiöse Bildungsprozesse in der Schule?, in: Thomas Klie/Dietrich Korsch/Ulrike Wagner-Rau (Hg.): Differenz – Kompetenz. Religiöse Bildung in der Zeit. Leipzig, S. 245–256.

9 Uta Pohl-Patalong (2013): Religionspädagogik – Ansätze für die Praxis. Göttingen, S. 182. Künftige Lehrerinnen und Lehrer sind mit diesem Konzept bereits in ihrer ersten und zweiten Ausbildungsphase vertraut, siehe dazu z. B. Heike Lindner (2012): Kompetenzorientierte Fachdidaktik Religion, Göttingen.

10 Exemplarisch dafür die Diskussion zur Kindertheologie in: »Jesus würde sagen: Nicht schlecht!« – Kindertheologie und Kompetenzorientierung. Jahrbuch für Kindertheologie – Sonderband 2011. Hg. von Friedhelm Kraft, Petra Freudenberger-Lötz und Elisabeth E. Schwarz.

die Religionspädagogik die Entwicklung eines tragfähigen Kompetenzmodells. Während die katholische Seite bereits sehr schnell »Kirchliche Richtlinien zu den Bildungsstandards für den katholischen Religionsunterricht«[11] festlegte, konkurrieren im evangelischen Raum unterschiedliche Kompetenzmodelle in der fachdidaktischen Diskussion. Modelle religiöser Kompetenz sind theoretische Konstruktionen, die sich in der Praxis bewähren müssen. Trotz erster Ansätze und Projekte[12] liegt ein empirisch überprüftes Kompetenzmodell bisher nicht vor, das sowohl Kompetenzbereiche wie auch mögliche Kompetenzniveaus hinreichend beschreibt. Die einzelnen Bundesländer legen deshalb ihren Kernlehrplänen und Bildungsplänen unterschiedliche Kompetenzmodelle zugrunde. Die Darstellung der konkurrierenden Modelle soll hier nicht wiederholt werden.[13] Im Folgenden beziehen wir uns auf das Modell, das als »Orientierungsrahmen«[14] den Diskussionsbeiträgen der Evangelischen Kirche von Deutschland zugrunde liegt und religiöse Kompetenz in fünf Bereiche einteilt:

- *Wahrnehmungs- und Darstellungsfähigkeit*
  religiös bedeutsame Phänomene wahrnehmen und beschreiben,
- *Deutungsfähigkeit*
  religiös bedeutsame Sprache und Zeugnisse verstehen und deuten,
- *Urteilsfähigkeit*
  in religiösen und ethischen Fragen begründet urteilen,
- *Dialogfähigkeit*
  am Dialog mit anderen Religionen und Weltanschauungen argumentierend teilnehmen,
- *Gestaltungs- und Handlungsfähigkeit*
  in religiös bedeutsamen Zusammenhängen handeln und mitgestalten.[15]

Welche Bedeutung dieses Modell religiöser Kompetenz für die fachdidaktische Konzeption haben kann, wollen wir an folgendem Beispiel aus einem Interview mit Margot Käßmann geben: »Ich habe eine Führung in einer Kirche erlebt. Da guckt sich ein kleiner Junge den Jesus am Kreuz an und sagt, oh boa, was ist dem da passiert? Das heißt, der hat noch nie irgendetwas davon gehört. Das geht bis dahin, dass mich jemand gefragt hat, was die Pluszeichen auf unseren Kirchtürmen bedeuten.«[16]

Fehlende religiöse Kompetenz wird in diesem Beispiel als mangelnde oder nicht vorhandene Fähigkeiten in den fünf Bereichen des o. g. Kompetenzmodells religiöser Bildung deutlich, angefangen bei der Unfähigkeit, das für den christlichen Glauben zentrale Symbol als Kreuz wahrzunehmen, bis hin zu dem Versuch, das Kreuz aus der Perspektive der Domäne Mathematik als Pluszeichen zu deuten und darüber dann einen Dialog führen zu wollen.

Die Geschichte von den »Pluszeichen auf den Kirchtürmen« weist exemplarisch auf, unter welcher **grundlegenden fachdidaktischen Fragestellung** – aus der Perspektive von Schülerinnen und Schülern – kompetenzorientierter Religionsunterricht Arbeit leisten wird:

> *Welche Lernangebote müssen Schülerinnen und Schülern zur Verfügung gestellt werden, damit sie die Fähigkeiten zur religiösen Wahrnehmungs-, Deutungs-, Urteils-, Dialog-, Gestaltungs- und Handlungskompetenz erhalten?*

An diesem Beispiel wird deutlich werden, wo für uns der Schwerpunkt der religiösen Kompetenz in evangelischer Perspektive gegenwärtig und künftig liegen wird, nämlich bei der Dialogkompetenz:

> *Religiöse Kompetenz wird sich schwerpunktmäßig an der Fähigkeit erweisen, sich in den jeweiligen Anforderungssituationen angemessen am Dialog um die religiöse Dimension der Weltdeutung zu beteiligen.*

11 Für die Sekundarstufe I: http://www.dbk-shop.de/media/filespublic/pnjfiujyth/DBK1178.pdf.

12 Vgl. dazu die ersten Ergebnisse der sog. KERK-Studie in Dietrich Benner/Rolf Schieder/Henning Schluß/Joachim Willems (Hg.) (2011): Religiöse Kompetenz als Teil öffentlicher Bildung – Versuch einer empirisch, bildungstheoretisch und religionspädagogisch ausgewiesenen Konstruktion religiöser Dimensionen und Anspruchsniveaus. Paderborn u. a.

13 Siehe dazu u. a. Obst 2010, S. 70–113.

14 EKD-Texte Nr. 111: Kirchenamt der EKD (Hg.) (2010): Kompetenz und Standards für den Evangelischen Religionsunterricht in der Sekundarstufe I – ein Orientierungsrahmen. Hannover. EKD-Texte Nr. 109: Kirchenamt der EKD (Hg.) (2010): Kerncurriculum für das Fach Evangelische Religionslehre in der gymnasialen Oberstufe – Themen und Inhalte für die Entwicklung von Kompetenzen religiöser Bildung. Hannover.

15 EKD-Texte Nr. 111, S. 17.

16 Quelle: http://www.dradio.de/dkultur/sendungen/tacheles/714735/.

Kritikern der Kompetenzorientierung im Religionsunterricht kann an diesem Beispiel auch deutlich werden, welche besondere, nicht immer neue Bedeutung den Lerninhalten in diesem fachdidaktischen Konzept zukommt: Ein Lernangebot wird nicht ohne die Bereitstellung von und Auseinandersetzung mit Interpretationen der Kreuzigung Jesu und des Kreuzestodes auskommen, die sich in Passionsgeschichten der Evangelien, Texten des Corpus Paulinum, aber auch in Darstellungen der Kunstgeschichte und Literatur niedergeschlagen hat, dem jeweiligen Jahrgang und der jeweiligen Lernsituation angemessen. Das christologische Gespräch bzw. das Christologisieren mit Kindern[17] und Jugendlichen[18] könnte einer der Kernaufgaben der Religionspädagogik der kommenden Jahre werden. Martin Rothgangel resümiert den Stand der »kompetenzorientierten Bildungsreform im Religionsunterricht« mit der Feststellung: »Die Wahrscheinlichkeit, dass die Bedeutung des ›Outcomes‹ geringer werden wird, scheint relativ gering zu sein …«, mahnt aber zugleich die weitere Erforschung der »Bildungs- und Lernprozesse« an, »wie sie in der Religionspädagogik etwa in einer ›Theologie mit Kindern bzw. Jugendlichen‹ in den Blick kommen.«[19]

17 Vgl. dazu z. B. die Lernlandschaften für Jg. 3–6 in den drei Bänden zum Entdeckenden Lernen von Cornelia Bussmann/Manfred Karsch (2012): Unser Stern über Bethlehem, Entdeckendes Lernen zur Adventszeit mit den Klassen 3–6, Göttingen/(2013); Mit Jesus auf neuen Wegen, Entdeckendes Lernen zu Passion und Ostern mit den Klassen 3–6. Göttingen/(2013): Jesus begegnen, Entdeckendes Lernen mit Paulus für die Klassen 3–6. Göttingen. Dazu auch die Jahrbücher zur Kindertheologie, hg. v. Anton A. Bucher u. a.

18 Zum Theologisieren mit Jugendlichen vgl.: Thomas Schlag/Friedrich Schweitzer (2011), Brauchen Jugendliche Theologie? Jugendtheologie als Herausforderung und didaktische Perspektive, Neukirchen. Dies. (2012), Jugendtheologie. Grundlagen – Beispiele – kritische Diskussion, Neukirchen. Dies. (2013), Jahrbuch für Jugendtheologie Band 1: »Wenn man daran noch so glauben kann, ist das gut«. Grundlagen und Impulse für eine Jugendtheologie, Stuttgart. Dies. (2013), Jahrbuch für Jugendtheologie Band 2: »Der Urknall ist immerhin, würde ich sagen, auch nur eine Theorie«. Schöpfung und Jugendtheologie, Stuttgart. Petra Freudenberger-Lötz (2012), Theologische Gespräche mit Jugendlichen: Erfahrungen – Beispiele – Anleitungen – Ein Werkstattbuch für die Sekundarstufe, München.

19 Martin Rothgangel (2014), Religionspädagogik im Dialog I – Disziplinäre und interdisziplinäre Grenzgänge. Stuttgart.

Ein fachdidaktischer Dreisprung: Diagnose – Lernarbeit – Überprüfung des Kompetenzgewinns

Aus der Perspektive der Kompetenzorientierung ergibt sich ein fachdidaktischer Dreisprung, der in seiner Form sicher nicht neu ist, aber unter dem Fokus der Kompetenzorientierung neu ausgestaltet werden kann. Die fachdidaktische Arbeit beginnt mit einer Klärung der Frage, welche Kompetenzerwartungen (die in den jeweiligen Kernlehrplänen für eine Jahrgangsstufe vorgegeben sind) in einem Unterrichtsprojekt mit den Schülerinnen und Schülern erarbeitet werden sollen. Die konkrete Vorarbeit an diesem Projekt beginnt mit einer Diagnoseaufgabe:

1. Schritt: Diagnoseaufgabe

Kompetenzorientierter Religionsunterricht setzt bei den Unterrichtenden eine Wahrnehmungskompetenz der jeweiligen individuellen Lernausgangslagen voraus: »ReligionslehrerInnen sollen die bereits vorhandenen domänenspezifischen Kompetenzen diagnostizieren, um davon ausgehend Lernprozesse zu stimulieren.«[20] Jede Unterrichtsplanung wird sich mit der Frage beschäftigten, welche Fähigkeiten, Fertigkeiten und Haltungen Schülerinnen und Schüler bereits als Lernvoraussetzung in das Unterrichtsprojekt einbringen können. Eine solche Diagnoseaufgabe kann bereits der o. g. ersten Facette einer Anforderungssituation Rechnung tragen und Schülerinnen und Schülern Anlass geben, eigene Kompetenzen zu entdecken – von der Wahrnehmung einer religiös relevanten Situation über die Stellungnahme im Dialog mit anderen bis hin zu möglichen Handlungs- und Gestaltungsstrategien. Eine solche Diagnoseaufgabe kann auch so gestaltet sein, dass Schülerinnen und Schüler selbst einen Kriterienkatalog für Kompetenzen entwickeln, die sie in der folgenden Lernarbeit zur vertieften Bearbeitungen der gestellten Anforderungssituation erwerben können:

Welches Wissen, welche Fähigkeiten, Fertigkeiten und Handlungsdispositionen benötige ich, um die in

20 Die Entwicklung diagnostischer Wahrnehmungskompetenz sollte deshalb künftig zu den Standards der ReligionslehrerInnenausbildung gehören, vgl. EKD-Texte Nr. 96 Ev. Kirche in Deutschland (Hg.) (2009): Theologisch-Religionspädagogische Kompetenz. Professionelle Kompetenzen und Standards für die Religionslehrerausbildung. Hannover. Siehe auch: Britta Klose (2014): Diagnostische Wahrnehmungskompetenzen von ReligionslehrerInnen, Stuttgart.

der Diagnoseaufgabe gestellte religiöse Anforderungssituation zu bewältigen?

2. Schritt: Lernarbeit

Zentrale Aufgabe der Lehrperson wird es sein, im Unterricht Lernangebote und Lernarrangements zu schaffen, die als Lernchance von Schülerinnen und Schülern und Möglichkeit zum Kompetenzgewinn erfasst werden können. Lernarbeit findet in jedem Unterricht statt, im kompetenzorientierten Religionsunterricht steht sie unter der Fragestellung, welche Fähigkeiten, Fertigkeit und Haltungen mit ihr angeeignet oder erweitert werden können. Dies kann u. a. in der Weise geschehen, dass an der in der Diagnoseaufgabe gestellten Anforderungssituation kriterienorientiert weitergearbeitet wird. Gleichzeitig kommt damit aber auch die o. g. zweite Facette der Anforderungssituation ins Spiel, insofern diese Lernarbeit dazu beitragen soll, dass Schülerinnen und Schüler ihre erworbenen Kompetenzen auf weitere Anforderungssituationen anwenden können:

Welches Wissen, welche Fähigkeiten, Fertigkeiten und Handlungsdispositionen kann ich mir durch die angebotenen Lernaufgaben aneignen, um die in der Diagnoseaufgabe gestellte religiöse Anforderungssituation zu bewältigen?

Die Transfererwartung kompetenzorientierter Fachdidaktik steht damit nicht unter der Prämisse einer Inhaltsorientierung (»Welche gleichgelagerten Inhalte kann sich die Schülerin oder der Schüler im Anschluss an den Religionsunterricht aneignen?«), sondern wiederum unter der Perspektive des Gebrauchs von Kompetenzen in Situationen, die religiöse Weltzugänge erfordern. Deshalb gehört zum kompetenzorientierten Unterrichtsdesign ein dritter Schritt:

3. Schritt: Aufgaben zur Überprüfung des Kompetenzgewinns

Im Gegensatz zur Lernarbeit werden in diesen Aufgaben keine neuen Kompetenzen erworben oder angeeignet, sondern sie bieten Schülerinnen und Schülern die Möglichkeit, ihre in der Lernarbeit erworbenen Kompetenzen selbstständig zu überprüfen. »Die Chance eines kompetenzorientierten RU könnte u. a. darin liegen, dass eine bessere Rückmeldekultur entwickelt wird.«[21] Dabei kann die Anforderungssituation, die in der Diagnoseaufgabe bereits eine Rolle gespielt hat, erneut in den Fokus der Bearbeitung treten: *Habe ich das nötige Wissen, die nötigen Fähigkeiten, Fertigkeiten und Handlungsdispositionen erworben, um die Anforderungssituation mit den neu erworbenen Kompetenzen zu beurteilen und/oder handlungs- und produktorientiert zu präsentieren und mich darüber mit anderen zu verständigen?*

Kompetenzorientierung als Methode

Wer Dialogkompetenz, die auch nachhaltig über den Religionsunterricht hinaus erworben wird, in die Mitte der religiösen Kompetenz stellen will, wird dieses Ziel zwar auf einer Vielzahl von Wegen erreichen können. Es können also »unterschiedliche Lernwege bei gleicher Zielperspektive«[22]angeboten werden. Aber nicht alle diese Wege sind gleichermaßen sinnvoll und nützlich. »Der Schüler muss Methode haben!« – Jene alte These aus der Reformpädagogik Hugo Gaudigs trifft auch für den kompetenzorientierten Religionsunterricht zu. Kompetenzorientierung als konsequente Weiterentwicklung der SchülerInnenorientierung im Religionsunterricht wird sich auch in der Wahl des Methodenportfolios niederschlagen, das die Lehrkraft bereitstellt und das die Schülerinnen und Schüler erwerben können. Aus unserer Perspektive sind dabei aber nicht nur die fachspezifischen methodischen Kompetenzen gemeint, die auf die eine oder andere Art und Weise in den Kernlehrplänen für Religionsunterricht ausgewiesen werden, sondern ein Ensemble von Methoden und Sozialformen, das für den kompetenzorientierten Religionsunterricht leitend und prägend sein kann.

Kriterienorientiert stellt Hartmut Rupp[23] die folgende Merkmalsliste des kompetenzorientierten Unterrichtens auf:

- Orientierung an Kompetenzen,
- Aufmerksamkeit und Unterrichtsklima,
- Lebensbedeutung und Stimmigkeit,
- Anpassung der Leistungserwartungen und Beurteilung des Lernfortschritts,
- Rollenklarheit und Mitsteuerung,
- Klarheit und Vielfalt,
- Verarbeitungsstrategien,

21 Manfred L. Pirner (2012): Wer ist ein guter Lehrer/eine gute Lehrerin? Ergebnisse der Lehrerprofessionsforschung, in: Burrichter 2012, S. 27.

22 Gerhard Ziener (2010): Bildungsstandards in der Praxis – Kompetenzorientiert unterrichten. Seelze, S. 43.

23 Hartmut Rupp (2008): Kompetenzorientierung als Methode, Entwurf 2 (2008), S. 9–11.

- Wiederholung und Übung,
- Metakognition und Schülerfeedback.[24]

Viele dieser Merkmale kompetenzorientierten Unterrichts können auf unsere bisherigen Ausführungen bezogen werden, führen dann aber besonders auf die Leistung, die die Auswahl der Methoden betrifft. Hartmut Rupp stellt deshalb das Kriterium auf: »Lehrende haben die Aufgabe, Unterrichtssituationen zu schaffen, die den Erwerb von Kompetenzen in Lerngruppen wahrscheinlicher machen … Schülerinnen und Schüler werden so zu ›Mitwissern‹ des angestrebten Lernweges.«[25] Gleichzeitig kann deutlich werden, dass die Lehrkraft Lernangebote macht, »das Entscheidende, nämlich das Lernen selbst, jedoch immer von den Schülerinnen und Schülern selbst erfolgt.«[26]

Wir gehen davon aus, dass das Grundprinzip des kooperativen Lernens und seine daraus entwickelten Lernarrangements in besonderer Weise dazu geeignet sind, dieser Forderung nachzukommen. Dabei wird das Prinzip des kooperativen Lernens nicht einfach als eine Methode oder Sammlung von Methoden gesehen, sondern als »Gesamtkonzept von erfolgreichem Unterricht, denn die Dramaturgie des Kooperativen Lernens erstreckt sich auf jede Phase des Unterrichts. Es ist nicht nur an dieser oder jener Stelle im Unterricht sinnvoll, sondern bietet als universelles Konzept der Schüleraktivierung ein flexibles Modell«[27] für kompetenzorientierten Religionsunterricht.

Kooperatives Lernen im kompetenzorientierten Religionsunterricht

Der Titel *Kooperatives Lernen im kompetenzorientierten Religionsunterricht* wirft zwei Fragen auf, die es im Folgenden zu beantworten gilt: »Was eigentlich ist kooperatives Lernen? Und wie kann kooperatives Lernen zu einem nachhaltigen Aufbau von Kompetenzen im Religionsunterricht beitragen?«

Veronika Wirth-Uffelmann schreibt: »Kooperatives Lernen ist Gruppenarbeit, aber nicht jede Gruppenarbeit ist kooperatives Lernen.«[28] Aber wodurch unterscheidet sich kooperatives Lernen von gewöhnlicher Gruppenarbeit? Kooperatives Lernen beinhaltet immer einen Dreischritt »Denken – Austauschen – Vorstellen« *(Think – Pair – Share)*.[29] Das Unterrichtsgeschehen unterteilt sich demnach in drei Phasen:

- die Einzelarbeit, in der die Schülerinnen und Schüler zunächst allein arbeiten und nachdenken;
- die Partner- oder Kleingruppenarbeit, in der sie ihre Ergebnisse vergleichen und besprechen und
- die Präsentation, bei der die Ergebnisse aus der zweiten Phase der gesamten Lerngruppe vorgestellt werden.

Zunächst erfolgt die individuelle Beschäftigung mit einem Problem oder einer Anforderung, danach folgt der Austausch in Partner- oder Gruppenarbeit zur wechselseitigen Ergänzung und Kontrolle der Ergebnisse, erst dann geschieht die Vorstellung vor der gesamten Lerngruppe und der Lehrperson.

Es ist Aufgabe der Lehrkraft, als Moderator und Organisator bei der Planung und Durchführung von Unterricht effektive Lernprozesse bei den Schülerinnen und Schülern zu initiieren, so dass die Lernenden immer selbstständiger Verantwortung für ihren eigenen Lernprozess übernehmen. Für die Lehrkraft stellen die Phasen, in denen die Lerngruppe selbstständig arbeitet, Möglichkeiten dar, die Lerngruppe zu beobachten und Kompetenzen der Schülerinnen und Schüler zu diagnostizieren. So können die unterschiedlichen Kompetenzen der Lernenden für den weiteren Lernprozess effektiv genutzt werden.

Das durch die Lehrperson organisierte, eigenverantwortliche Arbeiten der Lerngruppe, das eine hohe Lernverantwortung und -steuerung bei den Schülerinnen und Schülern erfordert, findet in drei Phasen statt:

Think

In der Einzelarbeit setzt sich die Schülerin/der Schüler zunächst individuell mit dem Lerngegenstand auseinander. Die Aufgabe ist dabei so zu formulieren, dass sie anschließend in der Pair-Phase einen sinnvollen Austausch ermöglicht. Die Arbeitszeit sollte derart ge-

24 Ebd., S. 10.
25 Ebd.
26 Manfred L. Pirner (2012), S. 23.
27 Ludger Brüning/Tobias Saum (2011): Schüleraktivierendes Lehren und Kooperatives Lernen – ein Gesamtkonzept für guten Unterricht, GEW NRW (Hg.), Frischer Wind in den Köpfen. Bochum.
28 Veronika Wirth-Uffelmann, Kooperatives Lernen im Religionsunterricht, forum religion 2/2010, S. 3.
29 Ludger Brüning/Tobias Saum (2009): Erfolgreich unterrichten durch Kooperatives Lernen 1. Strategien zur Schüleraktivierung, Essen, S. 17.

wählt werden, dass sie einerseits zügiges Arbeiten erfordert, aber andererseits auch genügend Zeit gegeben ist, dass das neue Wissen mit dem bereits vorhandenen Vorwissen verknüpft werden kann, also eine aktive Integration in bereits vorhandene Wissensstrukturen ermöglicht wird. Die Think-Phase ist so angelegt, dass sie den Lernenden Sicherheit gibt: Diese haben die Möglichkeit, zunächst in Ruhe selbst nachzudenken, was insbesondere stilleren und schwächeren Schülerinnen und Schülern zugutekommt. Andererseits ist durch die Einzelarbeit die individuelle Verantwortung des Einzelnen für das Lernergebnis der Kleingruppe in der Pair-Phase gegeben.

Pair

In der nachfolgenden Austauschphase werden dann die Lernergebnisse aus der Think-Phase entweder in einer Partner- oder Kleingruppenarbeit, die eine Gruppengröße von drei bis maximal fünf Personen haben sollte, vorgestellt und verglichen. Es bietet sich an, den Vergleich in einer festgelegten Reihenfolge durchzuführen: Beispielsweise stellt zunächst das Kind, das als nächster Geburtstag oder die niedrigste Hausnummer hat, vor, dann geht es im Uhrzeigersinn weiter. Die Austauschphase ist unmittelbar lernwirksam, weil Gedanken im Gespräch mit den anderen entstehen und durch Kommunikation untereinander Lerngegenstände besser kognitiv verstanden werden können. Die Partner- oder Kleingruppenarbeit bietet im Idealfall einen geschützten Raum, der in der kompletten Klasse häufig nicht gegeben ist. Für Lerngruppen, die mit dem kooperativen Lernen noch nicht so vertraut sind, bietet es sich deshalb an, die Schülerinnen und Schüler selbst bestimmen zu lassen, in welcher Kleingruppe oder mit welchem Partner/welcher Partnerin sie arbeiten möchten. Denn gerade in Lerngruppen, die das kooperative Lernen noch nicht gewohnt sind, sollte ein besonderes Vertrauen in die anderen Gruppenmitglieder gegeben sein, damit die Vorstellenden die Sicherheit haben, bei der Ergebnispräsentation aus der Think-Phase nicht bloßgestellt zu werden. Es ist Aufgabe der Lehrenden, der Lerngruppe klar zu machen, dass in dieser Phase Fehler gemacht werden können und dass auch aus falschen Ergebnissen in der Einzelarbeit gelernt werden kann. Gerade stillere, wenig selbstbewusste und schwächere Schülerinnen und Schüler bringen dann eher den Mut auf, in der Gruppe auch eigene Beiträge zu formulieren. Sie erleben sich damit als wirksam für den Fortgang der Gruppenarbeit. Es sollte in dieser Phase eine positive Abhängigkeit im Sinne des »Wir brauchen einander« erzeugt werden, dadurch dass jedes Gruppenmitglied nicht nur die Verantwortung hat, die gestellten Aufgaben zu bewältigen, sondern zudem dafür zu sorgen hat, dass auch andere die Aufgabe erfüllen können. Durch diese positive gegenseitige Abhängigkeit übernimmt der/die Lernende sowohl die Verantwortung für den eigenen Lernprozess als auch für den der Gruppe. Gerade in leistungsheterogenen Gruppen[30] besteht beim kooperativen Lernen die Möglichkeit, dass sich die Schülerinnen und Schüler beim Lernprozess gegenseitig unterstützen, also soziale Fähigkeiten der Lernenden gefördert werden. Stärkere Schüler oder Schülerinnen können in der Kleingruppe die Funktion der/des Lehrenden übernehmen. Allerdings sollte jedes Gruppenmitglied auch gefordert sein, etwas zum Gesamtergebnis der Kleingruppe beizutragen, sodass alle Lernenden am Unterrichtsgeschehen beteiligt sind. Daher ist es sinnvoll, die Einzelarbeit schon so zu konzipieren, dass alle Einzelarbeitsergebnisse, nicht nur die der stärkeren Schülerinnen und Schüler, für das Gesamtergebnis wichtig sind, so dass die Gruppe zu weitreichenderen Ergebnissen als der/die Einzelne kommt. Das Lernarrangement und die Aufgaben müssen so konstruiert sein, dass Kooperation sinnvoll ist und die Schülerinnen und Schüler von der Zusammenarbeit auch profitieren. Am Ende dieser Arbeitsphase sollte daher auch jeder Schüler/jede Schülerin in der Lage sein, die Arbeitsergebnisse der Partner- oder Gruppenarbeit auch der gesamten Lerngruppe vorzustellen.

Share

In der abschließenden Präsentationsphase ist es sinnvoll, per Zufall zu bestimmen, wer aus der Gruppe die Ergebnisse vorstellt. Jede(r) sollte damit rechnen, bei der Präsentation gefordert zu sein. Allerdings hat die Person, die die Ergebnisse präsentiert, diese nicht allein zu verantworten und ist dadurch entlastet, dass es sich um ein Gruppenergebnis handelt. Die Phase der Präsentation dient der Klärung der Stimmigkeit und der Ergänzung der Gruppenergebnisse durch die Kommunikation mit der gesamten Lerngruppe sowie der Ergebnissicherung. Hier empfiehlt es sich, im Laufe der Unterrichtsstunden unterschiedliche Präsentationsmöglichkeiten zu variieren. Je nach Lernaufgabe können die Präsentationen optisch unterstützt wer-

30 Patrick Grasser hält das Grundmuster des kooperativen Lernens gerade auch in inklusiven Lerngruppen für geeignet; vgl. Patrick Grasser (2014): Inklusion im Religionsunterricht. Vielfalt leben, Göttingen, S. 75 ff.

den, indem in der Pair-Phase von den Gruppen etwa Tafelbilder, Lernplakate, Galerierundgänge, OHP-Folien, Prezi-[31] oder PowerPoint-Präsentationen erstellt oder andere Formen der Visualisierung[32] sowie darstellerische oder künstlerische Möglichkeiten erprobt werden.

Eine wertschätzende Rückmeldung ist gerade in dieser Phase für den Lernerfolg wichtig. Der neuseeländische Forscher John Hattie hat in seiner Bildungsstudie *Lernen sichtbar machen*[33] den hohen Stellenwert einer Feedbackkultur mit Schülerinnen und Schülern betont. Die systematische Selbsteinschätzung der Lernenden bezüglich des Unterrichtsgegenstandes, des Unterrichtsverlaufs, der Vermittlung des Unterrichtsstoffs und ihrer Lernfortschritte sollte folglich in einer metakognitiven Phase am Ende der Unterrichtsstunde stehen. Neben der bewussten Wahrnehmung und Reflexion des Lernprozesses können hier auch Erfahrungen mit dem methodischen Vorgehen ausgetauscht und der Sinn und Zweck des Vorgehens reflektiert werden.

Beim kooperativen Lernen werden in besonderer Weise Erkenntnisse der Gehirnforschung und der pädagogischen Psychologie zur Frage, wie Lernen gelingen kann, aufgenommen. Die Themen, Gegenstände und das eigene Tun werden von den Schülerinnen und Schülern als sinnvoll erkannt, das neu zu erwerbende Wissen wird mit dem Vorwissen vernetzt, die neuen Erkenntnisse werden in der Kommunikation mit anderen dargestellt und diskutiert, auf das Gefühl der Aufgehobenheit der Lernenden in der Lernumgebung wird geachtet, der Lernprozess wird bewusst wahrgenommen und reflektiert, die Lernenden erfahren sich als wirksam im sozialen Kontext.

Dieser einführende Überblick zum Grundprinzip des kooperativen Lernens hat bereits verdeutlicht, wie daraus sich entwickelnde Lernarrangements in geeigneter Weise die sozialen und kommunikativen Kompetenzen der Schülerinnen und Schüler befördern, die besonders im Religionsunterricht gefragt sind.[34] So werden Schülerinnen und Schüler beim kooperativen Lernen dazu veranlasst, Gedachtes sprachlich verständlich zu fassen, zu argumentieren, andere Perspektiven einzunehmen und mit fremden Ansichten und Urteilen umzugehen. Voraussetzung dafür, dass der beschriebene dialogische Verständigungsprozess gelingen kann, ist ein Vertrauen der Lernenden darauf, dass ihre Sicht der Wirklichkeit und ihre Deutungen im Religionsunterricht ernst genommen werden und Gewicht bekommen.

Neben dem dialogischen Austausch und dem Feedback ist auch die gegenseitige Hilfe ein Grundbestandteil des kooperativen Lernprozesses. Die sozialen Kompetenzen werden dadurch gefördert, dass Schüler und Schülerinnen lernen, sich gegenseitig zu unterstützen, einander zu akzeptieren und Meinungsverschiedenheiten konstruktiv zu lösen. Dabei werden auch die sehr wichtigen affektiven Lernziele, die auf eigene Erfahrungen oder Betroffenheit zielen – wie das Nachvollziehen, das Sich-Hineinversetzen und das Nachempfinden-Können – durch das kooperative Lernen befördert. Mithilfe kooperativer Lernformen können Schülerinnen und Schüler zudem erfahren, dass ihre eigene Person und ihre eigenen Fähigkeiten von den Mitschülerinnen und Mitschülern, aber auch von den Lehrenden geschätzt werden, da sie ihre individuellen Begabungen gewinnbringend für die Lerngruppe einsetzen. Eine solche Erfahrung von Selbstwirksamkeit kann das Selbstbewusstsein und die Motivation der Lernenden bestärken.

Folglich ist kooperatives Lernen kompetenzorientiert angelegt, da sich Schülerinnen und Schüler sowohl kommunikative, soziale, methodische wie auch fachliche Kompetenzen durch eigene Aktivität in Verantwortung für den eigenen Lernprozess aneignen. Sie lernen dabei nicht nur ihre bereits vorhandenen Stärken und Kompetenzen kennen, sondern können in ihrem eigenen Lerntempo unter Einbeziehung von Lernumwegen die geforderten Kompetenzen weiter ausbilden und ausbauen.

31 Zu den Möglichkeiten der Prezi-Präsentation siehe www.prezi.com.

32 Ludger Brüning/Tobias Saum (2007): Erfolgreich unterrichten durch Visualisieren. Grafisches Strukturieren mit Strategien des Kooperativen Lernens, Essen.

33 John Hattie/Wolfgang Beywl/Klaus Zierer (2013): Lernen sichtbar machen. Hohengehren. Thomas Kremers und Tobias Saum zeigen auf, dass die Hattie-Studie nicht im Widerspruch zur Lernwirksamkeit des Kooperativen Lernens steht, vgl. Thomas Kremers/Tobias Saum (2013): Auf Hatties Prüfstand, in: nds 10/2013, Essen, S. 12 f.

34 Zum Zusammenhang von kooperativen und kompetenzorientierten Lernen vgl. auch Jürgen Friedrich (2010), »What children can do together today, they can do alone tomorrow«, in: nds 10/2010, Essen, S. 10 f.

Kooperative Lernarrangements als Erschließungswege religiöser Kompetenz

Das aus dem Grundprinzip des kooperativen Lernens sich entwickelnde Portfolio unterschiedlicher Lernarrangements korrespondiert mit dem Erwartungshorizont des kompetenzorientierten Religionsunterrichts. Unsere Erfahrung ist: Kooperatives Lernen im Religionsunterricht ermöglicht in besonderer Weise die Aneignung religiöser Kompetenzen und sichert sowohl individuelle Aneignung und Stellungnahme als auch dialogische Reflexion in der Lerngruppe. Kooperatives Lernen eröffnet Erschließungswege religiöser Kompetenz im Religionsunterricht. Mit dem Angebotscharakter dieser Lernformen korrespondiert die in evangelischer Perspektive notwendige Freiheit in der Auseinandersetzung mit religiösen Wirklichkeitsdeutungen, die jede Form einer Vermittlungsdidaktik und -methodik ausschließt. Neben der Dialogkompetenz als religiöser Kernkompetenz und der Förderung der interaktiven und sozialen Kompetenzen kann das kooperative Lernen auch andere im Religionsunterricht gefragte Kompetenzen befördern:

- *Wahrnehmungskompetenz:*
  In der Lerngruppe werden religiöse Phänomene, Deutungen und Formen religiöser Praxis identifiziert, beschrieben und unterschieden und schließlich eingeordnet.
- *Deutungskompetenz:*
  In der Lerngruppe werden religiöse Vorstellungen erschlossen und auf ihren Wahrheitsanspruch überprüft.
- *Urteilskompetenz:*
  In der Auseinandersetzung mit und in der Lerngruppe kann es gelingen, zu religiösen Fragestellungen einen individuellen und begründeten Standpunkt zu gewinnen.
- *Dialogkompetenz:*
  Das Angebot kooperativer Lernformen fördert insgesamt den dialogischen Diskurs im Kontext religiöser Weltdeutung. In religiös heterogenen Lerngruppen bietet kooperatives Lernen eine Plattform zum interkonfessionellen und interreligiösen Dialog.
- *Gestaltungs- und Handlungskompetenz:*
  Kooperative Lernformen bieten die Basis, Lerninhalte in der Lerngruppe handlungsorientiert zu erschließen. Im Sinne eines performativen Probehandelns erschließen sie Formen religiöser Praxis.

Somit bietet das kooperative Lernen im Religionsunterricht optimale Voraussetzungen, die Ausbildung von Kompetenzen, die für eine religiöse Bildung im umfassenden Sinn notwendig sind, bei Schülerinnen und Schülern zu unterstützen.

Religiöse Kompetenz, kooperative Lernformen – anregende Lernarbeit!

»Und wo bleiben die Inhalte?« Diese Frage richtet sich als Kritik oft gegen kompetenzorientierte Unterrichtsplanung und kooperative Lernarrangements. Tatsächlich ist die Frage nach den geeigneten Inhalten in unserem Konzept der Frage nach den zu erwerbenden Kompetenzen und den sich daran anschließenden kooperativen Lernformen nachgeordnet. Aber ohne ansprechende Inhalte und anregende Lernarbeit gelingt weder eine kompetenzorientierte Unterrichtsplanung noch ein kooperatives Lernen.

Eine runde Sache wird das Lernen im Religionsunterricht nicht zuletzt auch durch die Inhalte. Wir stellen deshalb nicht einfach nur Methoden vor und reihen sie aneinander. Dazu würde ein Blick in die bereits vorhandenen Werke zum kooperativen Lernen in anderen Schulfächern ausreichen. Vielmehr werden die exemplarisch vorgestellten Formen der kooperativen Lernarbeit verknüpft mit Inhalten, die sich bereits in stoff- und inhaltsorientierten Lehrplänen finden und im kompetenzorientierten Religionsunterricht nicht fehlen: Das Thema Bibel, Zugänge zu Texten des Alten Testaments und der Evangelien, der Dekalog, die Auseinandersetzung mit aktuellen ethischen Fragestellungen und Dilemmasituationen und anderes mehr. Unser Buch erhebt nicht den Anspruch auf ein vollständiges Kompendium kooperativer Lernformen. Exemplarisch stellen wir kompetenzorientierte Didaktik, ausgewählte kooperative Lernformen und grundlegende Inhalte des Religionsunterrichts in einen hoffentlich spannenden Trialog, der Sie als Leserinnen und Leser, Religionslehrerinnen und Religionslehrer zu weiteren Verknüpfungen und kreativer Entwicklung von Lernarrangements für ihre konkrete Lerngruppe anregen möchte. Wenn sie uns von ihren Erfahrungen mit unseren Beispielen, aber auch von der Entwicklung neuer Ideen berichten möchten: Sie erreichen uns unter

oliver.arnhold@uni-bielefeld.de und
manfred.karsch@schulreferat-herford.de.

1 Denken - Austauschen - Vorstellen

Kompetenzorientierte Aufgaben mit dem Grundprinzip des kooperativen Lernens

Think - Pair - Share - Mit diesen drei Begriffen werden das Grundprinzip und die Arbeitsschritte benannt, die den meisten der Formen des kooperativen Lernens zugrunde liegen:

- *Think:* selbstständig und selbsttätig nachdenken, sich mit einer Sache, einem Sachverhalt, einem Thema oder einer Fragestellung individuell auseinandersetzen.
- *Pair:* sich mit anderen über diesen eigenständigen Zugang und seinen Ergebnisse austauschen, die Ergebnisse des anderen wahrnehmen und verarbeiten, vergleichen, sich über Gemeinsamkeiten und Unterschiede verständigen, dabei auch Differenzen wahrnehmen und Kompromisse finden, tolerant mit den Ergebnissen anderer umgehen.
- *Share:* die gemeinsamen Ergebnisse sichern und bündeln, darstellen, präsentieren und vor einem Teilplenum oder dem Plenum der gesamten Lerngruppe referieren, ihr gegenüber vertreten, für Rückfragen zur Verfügung stehen, das Ergebnis sichern.

Mit diesen Umschreibungen sind nur einige der SchülerInnenaktivitäten benannt, die sich hinter diesen Begriffen verbergen können. Nicht die Schüleraktivitäten sind dabei neu, sondern das jeweilige Lernarrangement, das sich aus diesem methodischen Dreischritt ergibt. Damit werden Lernbedingungen und -situationen beschrieben, die geeignet erscheinen, zum Gewinn religiöser Kompetenz beizutragen, sie »ermöglichen Schritte auf dem Weg zum Kompetenzerwerb.«[1] Bezogen auf das Kompetenzmodell religiöser Bildung, das unserem Buch zugrunde liegt, lässt sich aufzeigen, wie sich alle Bereiche religiöser Kompetenz auf jeden der drei Schritte kooperativen Lernens abbilden lassen. Damit sollte auch dem Missverständnis vorgebeugt sein, dass sich das Kompetenzmodell linear auf die Schritte kooperativen Lernens verteilt. Die Dialogkompetenz als Fähigkeit, sich zum Gespräch vorbereitend, kommunizierend und darstellend mit einer Anforderungssituation religiöser Weltdeutung auseinanderzusetzen, steht zwar im Fokus unserer Lernarrangements, ist aber nie isoliert von den anderen Bereichen religiöser Kompetenz.[2] Sinnvoll ist es also, wenn die Auseinandersetzung mit einer Anforderungssituation in der einleitend beschriebenen didaktischen Funktion bereits in einer Aufgabe integriert ist.

Drei Beispiele zeigen im Folgenden, wie sich das Grundprinzip kooperativen Lernens in die in der Einleitung beschriebenen Phasen der Diagnose, der Lernarbeit und der Überprüfung des Kompetenzgewinns einbinden lässt.

Ja, ja, die Bibel ist wichtig, aber ... - Eigenverantwortliche Diagnose zur Erarbeitung grundlegender Kompetenzen

Medien und Materialien

- A1: Arbeitsblatt *Jaja, die Bibel ist wichtig, aber ...*
- A2: Folie/Beamerprojektion *DU ...*,
- A3: Wenn aus dem ABER und dem DU ein WIR wird ...
- Plakatkarton, Eddings, Klebestifte, Pinnwandnadeln
- Signalinstrument (Triangel, Klangschale o. ä.)

Vorbereitung

Die Lehrkraft hat die Arbeitsblätter **A1** mit Zeichen, Ziffern oder Buchstaben versehen, um die für die Vorbereitung der Share-Phase notwendige Kleingruppenbildung vorzubereiten. Die Materialien für die Vorbereitung der Share-Phase können in Kästen zusammengestellt werden.

---

1 Gerhard Ziener/ Mathias Kessler (2012): Kompetenzorientiert unterrichten - mit Methode. Methoden entdecken, verändern, erfinden. Seelze, S. 19.

2 Eine solche Aufteilung bei möglichen Unterrichtsbausteinen nehmen vor: Jeanette Eickmann/Dietmar Peter (2012): Kompetenzorientiert unterrichten im RU - Bausteine zu den EPAs. Göttingen.

Religionspädagogischer Kommentar

Ein Grundanliegen der Reformation Martin Luthers war es, dass es jeder Christin und jedem Christen möglich sein soll, sich durch einen eigenen Zugang zur Bibel einen verständigen und verstandenen Glauben anzueignen und sich damit seines eigenen Glaubens eigenständig zu vergewissern. Die Übersetzung der Bibel ins Deutsche war eine der Voraussetzungen dafür. Der christliche Glaube evangelischer Prägung geht davon aus, dass jede Christin/jeder Christ biblische Texte eigenständig interpretieren kann und muss.

Der sachgerechte, eigenständige Umgang mit der Bibel und biblischen Texten gehört deshalb zu den Kompetenzen, für deren Erarbeitung der Religionsunterricht Schülerinnen und Schülern Lernangebote machen soll. **Methodenkompetenz** beschränkt sich aus dieser Perspektive kompetenzorientierter Unterrichtsplanung nicht auf die **Handlungskompetenz** im Sinne des pragmatischen Umgangs mit der Bibel im Unterricht, sondern zielt auf **Urteilskompetenz** und **Deutungskompetenz** im Verstehen biblischer Texte.

Diese Kompetenzerwartungen stehen nicht selten im Widerspruch zu den Erfahrungen von Lehrkräften, wenn sie biblische Texte als Medien und Lernangebote in den Unterricht einbringen. Motivierte und engagierte Lerngruppen mutieren in kurzer Zeit zu unmotivierten, desinteressierten Schülerinnen und Schülern. »Muss die Bibel im Mittelpunkt des Religionsunterrichts stehen?« Die programmatische Frage Hans-Bernhard Kaufmanns, die das Konzept des problemorientierten Religionsunterricht im letzten Viertel des 20. Jh. initialisierte, hat als negative Konsequenz die Verunsicherung vieler Lehrkräfte im Umgang mit der Bibel im Religionsunterricht zur Folge – und mancherorts, dass die Bibel als Medium ganz aus dem Evangelischen Religionsunterricht verschwunden ist. Hintergrund bilden dabei nicht nur die methodische Orientierungslosigkeit im Umgang mit der Bibel und die mangelnde Literalität, sondern auch eine zunehmende Entfremdung im Hinblick auf die Relevanz der Bibel und biblischer Texte für die Ausgestaltung der persönlichen und gesellschaftlichen Lebenswirklichkeit. Gerade weil die Bibel als heiliges Buch wahrgenommen wird, verliert sie im Umgang mit einer als profan erlebten **Anforderungssituation** an Bedeutung.

Umgekehrt trifft der Umgang mit der Bibel und biblischen Texten im Unterricht immer öfter auf eine heterogene Lerngruppe, in der distanziert religiös sozialisierte Lernende neben Schülerinnen und Schülern sitzen, die aus einem freikirchlichen Kontext bestimmte Erfahrungen und verfestigte, fundamentale Haltungen und Urteile im Umgang mit der Bibel als Lernvoraussetzung mitbringen und gegenüber den in den Kompetenzerwartungen geforderten Möglichkeiten unterschiedlicher hermeneutischer Zugänge zur Bibel, insbesondere den historisch-kritischen Zugängen, distanziert bis ablehnend eingestellt sind. Schließlich ist mit jenen Schülerinnen und Schülern anderer religiöser Beheimatung zu rechnen, die ihre eigenen Erfahrungen im Umgang mit heiligen Büchern auf die Bibel übertragen oder sie gerade aus diesem Grunde ablehnen. Die oben genannte Urteils- und Deutungskompetenz zur Bibel zielt – im Religionsunterricht und über den Religionsunterricht hinaus – auf eine **Dialogkompetenz** als Fähigkeit, sich konstruktiv-kritisch mit anderen Positionen und Zugängen zur Bibel auseinanderzusetzen. Die besondere **Anforderungssituation** im Umgang mit der Bibel liegt dem entsprechend in der Fähigkeit, Auskunft zu geben über die Bedeutung der Bibel für den christlichen Glauben.

Intention und Zieltransparenz

Eine Diagnoseaufgabe klärt, welche Fähigkeiten, vor allem welche Wahrnehmungs-, Deutungs- und Urteilskompetenz als Lernvoraussetzungen für weitere Lernangebote sich Schülerinnen und Schüler bereits angeeignet haben bzw. welche Widerstände als Hindernisse in Lernangeboten zu erwarten sind. Aus dieser Diagnoseaufgabe soll sich außerdem eine Zieltransparenz für alle Schülerinnen und Schüler ableiten:

Welche Lernangebote benötige ich, um meine bisherigen Kenntnisse, Deutungen und Urteile im Umgang mit der Bibel und biblischen Texten zu ergänzen und zu erweitern und ggf. auch zu korrigieren und zu verändern.

Kommentar zur kooperativen Lernform

Eine Diagnoseaufgabe im kompetenzorientierten Religionsunterricht muss sich nicht zwangsläufig auf eine Einzelarbeit beschränken, die dann von der Lehrperson für ihre weitere Unterrichtsplanung ausgewertet wird. Unser Verständnis von kompetenzorientiertem Unterricht setzt vielmehr voraus, dass alle am Lernprozess Beteiligten einen Einblick in ihre Lernvoraussetzungen erhalten und sich darüber auch miteinander verständigen. Die Schülerinnen und Schüler werden zu »›Mitwissern‹ des angestrebten Lernwegs.«[3]

Die Anbahnung der o. g. Dialogkompetenz beginnt also bereits mit der Diagnose. Aus diesem Grund ist

3 Ziener (2010), S. 91.

die Diagnoseaufgabe bereits als ein kooperatives Lernangebot arrangiert, das zu einer konstruktiv-kritischen Auseinandersetzung mit den Kompetenzen der Mitschülerinnen und Mitschüler führt. Die kooperative Diagnoseaufgabe ist so gestaltet, dass Think- und Pair-Phase ineinandergreifen. Bereits in der Think-Phase müssen sich die einzelnen Schülerinnen und Schüler mit den Wahrnehmungen, Deutungen und Urteilen ihrer Mitschülerinnen und Mitschüler zur Bibel auseinandersetzen. Die zu erwartenden heterogenen Einstellungen zur Bibel werden durch diesen Zugang thematisiert. Die Einteilung der Gruppenarbeit in der Pair-Phase erfolgt aus diesem Grund auch zufällig, um eine breite Mischung unterschiedlicher Positionen zu erreichen.

Verlaufsplan

- *Einstieg:* Die Lehrkraft erläutert das anzubahnende Unterrichtsprojekt. Dazu zeigt sie den Spruch aus der Internetseite auf **A1** oder schreibt ihn an die Tafel: »›Jaja, die Bibel ist wichtig, aber …‹. Auf einer Internetseite habe ich diesen Satz gefunden. Er wirbt für eine neue Zeitschrift, die für die Bibel und das Lesen der Bibel werben möchte … Wie könnte der Satz wohl weitergehen? Damit werden wir uns heute beschäftigen.«
- *Erschließungsphase:* Für die *Think-/Pair*-Phase bleibt die Lerngruppe zunächst im Plenum. Nach Aushändigung der Arbeitsblätter wird der Arbeitsauftrag auf **A1** im Plenum vorgelesen, mögliche Verständnisfragen werden beantwortet.
  1. Meine ABER-Sätze zur Bibel *(Think – Pair):*
     Die Schülerinnen und Schüler arbeiten laut Arbeitsauftrag. Nach Abschluss dieser ersten Arbeitsrunde, bei der jedes Mitglied der Lerngruppe in Einzelarbeit arbeitet, aber gleichzeitig durch die bereits ausgefüllten Kästchen der anderen Gruppenmitglieder weitere Anregungen erhält, sind alle Kästchen auf dem Arbeitsblatt ausgefüllt. Drei ABER-Sätze zur Bibel stehen auf dem Arbeitsblatt.
  2. Meine DU-Antworten zu unseren ABER-Sätzen *(Think – Pair):*
     In einer zweiten Runde der Erarbeitungsphase können die Mitglieder der Lerngruppe auf die Aber-Sätze ihrer Mitschülerinnen und Mitschüler reagieren. Die Lehrkraft erläutert diesen zweiten Arbeitsauftrag, indem sie Arbeitsblatt **A2** auf den OHP legt oder durch Beamer/Whiteboard projiziert. Das Arbeitsblatt **A1** wird noch einmal an den linken Sitznachbarn weitergegeben, die Schülerinnen und Schüler schreiben Erwiderungen, Vorschläge und Ratschläge zu den ABER-Sätzen auf die Arbeitsblätter, die möglichst mit einem DU beginnen. Auch dieser Arbeitsgang wird dreimal wiederholt. Anschließend wird das Arbeitsblatt noch einmal weitergegeben. Am Ende dieser Arbeitsphase haben alle ein Arbeitsblatt vor sich liegen, das drei ABER-Sätze und drei DU-Antworten enthält, die von anderen Mitschülerinnen und Mitschülern verfasst worden sind.
  3. Unsere WIR-Vorschläge zur Weiterarbeit *(Share):*
     Durch die vorbereiteten Zeichen auf den Arbeitsblättern werden 4er-Gruppen gebildet, die aus den ABER- und DU-Sätzen auf ihren Arbeitsblättern mögliche Arbeitsaufträge zur Weiterarbeit (WIR-Vorschläge) formulieren **(A3)**. Die ABER/DU-Sätze werden dazu in Streifen geschnitten und auf einem Plakat zusammengestellt.

Reflexions- und Bündelungsphase

In einer ersten *Pair*-Phase informieren sich jeweils zwei Mitglieder der 4er-Gruppen an den anderen Gruppentischen über deren Ergebnisse, während zwei weitere Mitglieder an ihrem Gruppentisch die Ergebnisse präsentieren. Das Signalinstrument läutet einen Wechsel an den Gruppentischen ein.

In einer zweiten *Pair*-Phase werden im Plenum die Ergebnisse zusammengetragen und nach Kategorien geordnet. Die Schülerinnen und Schüler entscheiden, welche Reihenfolge möglicher Lernaufgaben erstellt werden kann, für welche Lernaufgaben ggf. Expertenteams gebildet werden oder Expertinnen/Experten in den Unterricht geholt werden sollen.

Möglichkeiten der Weiterarbeit

Lernarbeit: Der Gedanke einer (Internet)-Zeitung, der sich aus dem Eingangsimpuls »Jaja, die Bibel ist wichtig, aber …« ergibt, kann als methodischer Rahmen handlungs- und projektorientiert genutzt werden. Die sich aus der Reflexions- und Bündelungsphase ergebenden Lernaufgaben werden in einer (Internet-)Präsentation in Form einer (Online-)Zeitung gesammelt. In dieser Sammlung können unter anderem stehen: eine grafische Darstellung des Aufbaus der Bibel, eine Zeitleiste zur Entstehungsgeschichte der Bibel, eine Gebrauchsanweisung »Wie finde ich was in der Bibel?«, eine Kommentarseite, auf der unterschiedliche Menschen ihre Meinung zur Bibel dokumentieren; Hinweise auf verschiedene Bibelübersetzungen. Weitere Themen ergeben sich aus den Ergebnissen der Diagnoseaufgabe.

Überprüfung des Kompetenzgewinns: Ein (Internet-) Blog zum Thema *Bibel* klärt, welche Dialogkompetenz die Schülerinnen und Schüler als Lernfortschritt erreicht haben. Dazu werden ausgewählte Satzergänzungen aus der Diagnoseaufgabe je 4er-Gruppe auf einen Plakatkarton aufgeklebt. Die Lehrkraft hat ggf. weitere Satzergänzungen hinzugefügt. Die Gruppenmitglieder kommentieren die Satzergänzungen erneut in einer stillen Schreibmeditation *(Think - Share).*

Ergebnisse aus der Erprobung

Die Diagnoseaufgabe wurde in einer Lerngruppe ausprobiert. Die erste Erarbeitungsphase brachte folgende Ergebnisse:

- Manchmal sehr schwer verständlich.
  Aber du hast Möglichkeiten/Hilfsmittel, um die Bibel besser zu verstehen.
- Ich habe sie noch nie komplett gelesen.
  Aber du hast ja auch Zeit!
- Wie soll man sie verstehen?
  DU: Den eigenen Glauben einsetzen oder sich bei anderen Hilfe holen.
- Sie erzählt Geschichten aus vergangenen Zeiten.
  Aber auch Vergangenes kann lehrreich und bedeutsam sein für Zukünftiges oder Aktuelles!
- Ist sie das Wichtigste für Christen für das Verständnis von Gott?
  Ja, was denn sonst?
- Menschen legen sie sehr unterschiedlich aus.
  Ja, aber es führen auch viele Wege nach Rom und allein die Auseinandersetzung mit der Bibel ist doch positiv.

Diese Ergebnisse zeigen eine Spannbreite möglicher Sach- und Verstehensfragen: die Bibel als altes und damit schwer zu verstehendes Buch, schwer zugänglich durch die Möglichkeiten unterschiedlicher Auslegung, aber eben auch bedeutsam für den Zugang zur Gottesbeziehung und den eigenen Glauben. Die Bibel wird damit zum einen als historisches Zeugnis begriffen, zum anderen als besonderes Buch für den christlichen Glauben. Sachkenntnisse, Angebote von Hilfsmitteln, sind für einen Zugang geboten, der die Aber-Sätze entkräftet.

Die Ergebnisse einer 7. Klasse eines Gymnasium spiegeln diese Ergebnisse:

- Ablehnende Haltung, die zum Teil aus mangelnder Literalität resultiert:
  … man sollte Gott noch anders ehren.
  Das stimmt, aber nur wenn man die Bibel liest, weiß man wie.
  … für mich uninteressant, da ich mich außer im Reliunterricht nicht mit Gott, Jesus und der Bibel auseinandersetze.
  Du solltest dich damit auseinandersetzen, denn dann kannst du besser und unbeschwert leben.
  … auch langweilig und uninteressant wegen der alten und teils schwierigen Schriftweise. Trotzdem an manchen Stellen sehr spannend.
  Aber du hast Möglichkeiten/Hilfsmittel, um die Bibel besser zu verstehen.
  … es gibt spannendere Bücher oder lustigere.
  Wer liest die schon komplett durch, das ist doch langweilig.
  Da hast du recht, aber Pfarrer müssen sie fast auswendig lernen und dazu mussten sie die ganze Bibel lesen.
- Einsichten in die Entstehungsgeschichten und die Überlieferungswege der Bibel:
  … es gibt verschiedene Schreibweisen und Übersetzungen, die manchmal verwirren können, denn sie können Verschiedenes bedeuten.
  Aber die Übersetzungen haben alle den gleichen Sinn, bei einigen wird aber etwas dazu geschrieben.
  … aber ich habe fünf verschiedene Fassungen. Bei den vielen verschiedenen Ausgaben weiß ich gar nicht, welche ich lesen soll.
  … es gibt verschiedene Autoren.
  Du musst nur wissen, was von wem ist.
- Erkenntnisse über den Zusammenhang von Bibellektüre und Gotteserkenntnis/Glaube:
  … man weiß auch aus anderen Büchern, dass es Gott gibt und nicht nur aus der Bibel.
  Aber du erfährst nichts über Jesus und Mose und den anderen Jüngern oder Heiligen. Deshalb sollte man sie lesen.
  … nicht alle Menschen glauben an Gott und Jesus.
  … aber für die Menschen, die an Gott und Jesus glauben, ist die Bibel wichtig.
- Eine beginnende Diskussion über die (Be-)deutung der Bibel:
  … die 10 Gebote sollten eingehalten werden. Denn die stammen aus der Bibel.
  Dieser Satz ist gut, denn es ist wichtig, die Regeln zu kennen.
  … Liebe, Hoffnung, Glaube und Geborgenheit sind auch sehr wichtig, vielleicht noch wichtiger.
  …es ist noch wichtiger, dass man ohne Krieg und Gewalt leben kann.

A1 Arbeitsblatt Jaja, die Bibel

Auf der Internetseite http://www.faszination-bibel.net/wird für eine neue Zeitschrift zur Bibel geworben. Dort findest du den folgenden Satz.

Wie könnte der Satz nach den drei Punkten weitergehen?

Ergänze den Satz und schreibe deine Satzergänzung in das erste der Felder unten.

Nach einem Signalton gibst du dein Blatt nach links weiter. Von rechts erhältst du ein neues Blatt.

Ergänze den Satz noch einmal (mit einer anderen Ergänzung!) und schreibe sie in eines der zwei verbleibenden Felder.

Beim zweiten Signalton wiederholst du das Ganze noch einmal. Nun sind alle drei Felder mit einer Satzergänzung gefüllt.

A2 Das ABER und DU?

Gib das Blatt noch einmal nach links weiter. Du erhältst von rechts ein Blatt mit drei Satzergänzungen.

- Lies die Satzergänzungen. Suche dir eine Satzergänzung aus, auf die du reagieren möchtest: Was kannst du auf diesen ABER-Satz antworten? Möchtest du ihm widersprechen? Möchtest du zu einem ABER-Satz einen Rat geben oder einen Vorschlag machen?
- Schreibe deine Antwort unter das Feld mit dem ABER-Satz. Deine Antwort beginnt mit: DU ...
- Beim Signalton gibst du dein Blatt nach links weiter ...

A3 Wenn aus dem ABER und dem DU ein WIR wird

Ihr seid das Redaktionsteam der neuen Zeitschrift zur Bibel, für die auf der Internetseite geworben wird.

- Eure Aufgabe ist es, ein Werbeplakat oder eine Internetseite für diese neue Zeitschrift zu entwerfen, damit eure Zeitschrift auch gekauft wird. Auf dieser Seite sollen eure künftigen Kundinnen und Kunden wichtige Informationen erhalten:
  - Was können wir von der Zeitschrift erwarten?
  - Welche Informationen zur Bibel oder zu biblischen Texten werden wir finden?
  - Wird die Zeitschrift unsere Fragen zur Bibel beantworten?
  - Wie werden Einwände gegen die Bibel erklärt werden?
- Benutzt zur Gestaltung eures Plakats die Aussagen der ABER-Sätze und DU-Antworten.
- Formuliert mindestens vier WIR-Sätze, die die Bedeutung eurer Zeitschrift hervorheben (z. B.: WIR werden ihnen folgendes Material zur Verfügung stellen ...)
- Gestaltet euer Plakat inhaltlich und grafisch ansprechend. Auf eurem Plakat soll der Text »Ja, ja, die Bibel ist wichtig, aber ...« einen besonderen Platz finden.

Als Zeuge nicht zum Opfer werden … – Kooperative Lernarbeit mit Bildern und Texten

Medien und Materialien

- B1: Einer liegt am Boden
- B2: Texte aus der Bergpredigt
- B3: Interview mit einer Kriminalhauptkommissarin
- Plakatkarton, Eddings, Klebestifte, Briefumschläge
- OHP oder Beamer, Pinnwände und Pinnwandnägel
- Signalinstrument (Triangel, Klangschale o. ä.)

Vorbereitung

B1 wird mittig auf einen Plakatkarton geklebt (pro Kleingruppe ein Plakatkarton). An jede Seite des Bildes wird geschrieben: »Ich sehe …«. Jeder Karton wird mit einem Stift in vier Segmente aufgeteilt.

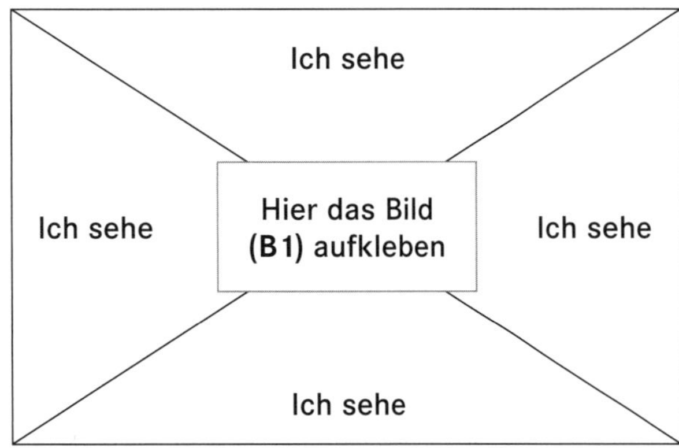

Die Textkarten **B1** werden auf verschiedenfarbiges Papier kopiert (die Farben rot und grün vermeiden!). Je ein Satz Textkarten wird für jede Kleingruppe in einem verschlossenen Briefumschlag vorbereitet.

Religionspädagogischer Kommentar

Die Auseinandersetzung mit Texten und Themen der vom Evangelisten Matthäus konstruierten Bergpredigt Jesu (Mt 5–7)[4] gehört zu den Kernaufgaben inhaltsorientierter Unterrichtsprojekte, vor allem in den Jahrgängen 7–10. Eine Durchsicht dieser Unterrichtsprojekte könnte darlegen, welche jeweilige theologische Interpretation der Bergpredigt dem Unterrichtsprojekt zugrunde liegt: Die in der Bergpredigt zusammengestellten Texte sind quasi »Regieanweisungen für das Reich Gottes«. In welchem Verhältnis aber steht das Reich Gottes zu der real erlebten Wirklichkeit der damaligen und heutigen Zuhörerinnen und Zuhörer der Bergpredigt: Redet der Jesus der Bergpredigt von einer jenseitigen, einer künftigen oder einer bereits anbrechenden Wirklichkeit des Reiches Gottes? Vor allem die letztgenannte Interpretation führt nicht selten vor eine Dilemma-Situation, eben die **Anforderungssituation:** »Wie kann ich den Anweisungen der Bergpredigt in den Anforderungen, die mir möglichweise wiederkehrende alltägliche Situationen stellen, gerecht werden?« Gerade die ethischen Anweisungen der Bergpredigt fordern eine entsprechende **Handlungskompetenz,** für die der kompetenzorientierte Religionsunterricht entsprechende Lernarbeit zur Verfügung stellen kann.

Für das folgende kooperative Lernarrangement wurden Texte aus der Bergpredigt **B2** gewählt, die den Umgang mit Gewalt zum Thema haben. Die gegenwärtige Anforderungssituation zielt im vorgelegten optischen Impuls auf die auch medienwirksam diskutierte zunehmende Gewalt im öffentlichen Raum, der die Passanten zum Teil hilflos, zum Teil aber auch ignorant gegenüber stehen.[5] Für die Schülerinnen und Schüler, deren möglicherweise veränderte oder differenzierte **Urteilskompetenz** zu entwickeln ist, stellt sich die Frage:

Wie kann ich die Aussagen der Bergpredigt auf mögliche real erlebte Gewaltsituationen in konkreten Reaktionen und Handlungen beziehen? Oder sind diese Sätze nur Illusionen einer schönen, neuen Welt?

Intention und Zieltransparenz

Die Lernarbeit soll klären, welche konkreten Handlungsmöglichkeiten die Anweisungen der Bergpredigt für eine bestimmte Anforderungssituation bie-

4 Einen guten Überblick über die Konstruktion der Bergpredigt bietet das Schaubild in: Bibel heute 4/2007, S. 5, hg. vom katholischen Bibelwerk e. V., Stuttgart. Außerdem: Friedrich Johannsen, Selig sind die Friedenstifter – Der Streit um die Bergpredigt, in: Ulrich Becker/Friedrich Johannsen/Harry Noormann (1993): Neutestamentliches Arbeitsbuch für Religionspädagogen, S. 37–53.

5 Eine Hinführung zur Thematik der Gewalt im öffentlichen Raum oder aber Weiterarbeit an der Thematik könnte u. a. durch die Präsentation und Erarbeitung von Kurzfilmen entstehen. An neueren Produktionen sind zu nennen: Soft (Großbritannien, 2007, Regie: Simon Ellis) 14 Min.; The Ground beneath – Konflikte lösen (Australien 2008, Regie: Rene Hernandez) 21 Minuten; Auf der Strecke (2007, Deutschland/Schweiz, Regie: Reto Caffi) 30 Minuten. Alle Filme für den Einsatz im Religionsunterricht und nichtgewerblichen Bereich zu beziehen über das Katholische Filmwerk (www.filmwerk.de), jeweils mit ausführlichen Arbeitshilfen, die kostenfrei bezogen werden können (http://lizenzshop.filmwerk.de/shop/materials.cfm?TYPE=ARBEITSHILFEN).

ten können. Dazu gehört zunächst auch die Fähigkeit, eine dargestellte und beschriebene Situation als Anlass zu einem von der Bergpredigt motivierten Handeln zu erkennen und vor dem Hintergrund der Texte der Bergpredigt zu deuten. Den Schülerinnen und Schülern wird das Ziel der Lernarbeit bereits in der Einstiegsphase transparent gemacht:

Du wirst heute Antworten auf die Frage suchen: »Können Worte aus der Bibel die Welt verändern, zumindest die Sichtweisen auf eine besondere Situation …«

Kommentar zur kooperativen Lernform

Wahrnehmungspsychologisch wird als Voraussetzung dieser Lernarbeit davon ausgegangen, dass eine Bild- und Fotobetrachtung bzw. Wahrnehmung, Deutung und Beurteilung einer Situation immer eine individuelle Konstruktionsleistung des Betrachters/der Betrachterin ist: Das Bild entsteht »im Kopf«. Keine der individuellen Sichtweisen ist grundsätzlich falsch. Bildbetrachtung als Lernangebot gibt deshalb immer genügend Zeit und Raum, damit jede Schülerin und jeder Schüler individuell ein »Bild im Kopf« entstehen lassen kann *(Think)*. Viele Anleitungen zur Bildbetrachtung lassen hierfür zu wenig Raum bzw. hindern durch eine Plenumssituation den Einzelnen an seiner eigenen Konstruktionsleistung.

Der Einstieg in die Lernarbeit als Einzelarbeit ermöglicht, sich auf die unterschiedlichen Perspektiven der Kleingruppenmitglieder und den damit verbundenen Perspektivwechsel einzulassen. Die kooperative Grundform des Dreischritts *Think – Pair – Share* wird in dieser Lernarbeit besonders zur Erarbeitung von Bildern als Voraussetzung der Auseinandersetzung mit (biblischen) Texten genutzt. Die Textausschnitte aus der Bergpredigt **(B2)** verändern und beeinflussen die Sichtweisen, aus der heraus auf das Bild **B1** geblickt und mit der Perspektive der anderen Gruppenmitglieder verglichen wird *(Share)*.

In der *Pair*-Phase wird in diesem Lernarrangement die Kleingruppenarbeit durch zwei (oder mehrere) Partnerarbeiten beendet. Es ist ein Beispiel dafür, dass sich die *Pair*-Phase nicht ausschließlich auf eine Plenumssituation beschränken muss, sondern auch in einer kurzen Bündelungsphase im Plenum enden kann, die gleichzeitig zur Sicherung des Lernergebnisses beiträgt und die Lernarbeit weiterführt (**B3**, alternativ derselbe Text aus dem Internet: http://www.nw-news.de/owl/bielefeld/mitte/mitte/9362129_Wie_man_mit_gewalttaetigen_Menschen_umgeht.html, als Beamerprojektion).

Verlaufsplan

- *Einstieg:* Die Lehrkraft teilt die Lerngruppe in Kleingruppen zu je vier Schülerinnen und Schülern ein. Wo es Formen (Abzählen, Spielkarten mit gleicher Farbe oder gleichem Wert u. a.) gibt, kann auch diese zufällige Form der Gruppeneinteilung gewählt werden: »Ihr bildet jetzt Gruppentische zu viert. Jede Gruppe erhält ein Plakat mit einem Bild. Arbeitet, wie ihr es von der Methode der Bildbetrachtung her kennt: ›Ich sehe …‹. In der ersten Phase wird nicht geredet. Jeder hat Zeit und trägt seine Seheindrücke auf seinem Feld des Plakatkartons ein. Im Uhrzeigersinn wird das Plakat anschließend gedreht. Jeder hat Zeit, die Seheindrücke der anderen zu lesen.« Die Lehrkraft beendet die Einstiegsphase mit den Worten: »Du wirst heute Antworten auf die Frage suchen: ›Können Worte aus der Bibel die Welt verändern, zumindest die Sichtweisen auf eine besondere Situation‹ …«.
- *Erschließungsphase:* Wenn alle Kleingruppen ihre Wahrnehmungen am Bild beendet haben, verliest die Lehrkraft die folgende Zeitungsmeldung oder präsentiert sie mit Hilfe eines OHP/Beamers (dazu den folgenden Text auf Folie kopieren, siehe **B3**):

> *VERGEBLICH UM HILFE GERUFEN*
> *Etliche Personen haben mit in der Stadtbahn gesessen, als ein offensichtlich betrunkener Drogenabhängiger (24) vor einigen Tagen brutal eine Gruppe von Jugendlichen (17, 13) attackiert hat. Besonders traf es einen 17-Jährigen, der versucht hatte, sich dem Mann entgegenzustellen: Der Täter schlug immer wieder auf seinen Kopf ein. Obgleich die jungen Leute laut um Hilfe riefen, griff niemand ein. Gleichwohl wird nicht wegen unterlassener Hilfeleistung ermittelt. (Neue Westfälische v. 7.10.2013)*

Die Lehrkraft ergänzt den Arbeitsauftrag an die Gruppen: »Jede Gruppe bekommt einen Briefumschlag. Jeder aus der Gruppe nimmt eine der Karten aus dem Umschlag und arbeitet laut Arbeitsauftrag, den er auf der Karte findet.« Die Arbeitsaufträge für die folgende Einzelarbeit *(Think)* sind auf den Karten **B2** alle ähnlich gestaltet: Nach einer Erläuterung zur Herkunft des Bibeltextes auf der Textkarte werden die Schülerinnen und Schüler aufgefordert, die Situation auf dem Foto, ergänzt durch die Zeitungsmeldung, weiterzuschreiben. Alle nutzen dabei das jeweils zugewandte Segment des Plakats für ihren Text.

Nach Abschluss der Einzelarbeit wird das Plakat im Uhrzeigersinn in der Kleingruppe gedreht. Jedes

Gruppenmitglied erhält die Möglichkeit, nach einer Lesephase die jeweils vor ihm liegende Geschichte schriftlich zu kommentieren. Danach darf jedes Gruppenmitglied zu den Fortsetzungen der Bildeindrücke und den Kommentaren Stellung nehmen.

Reflexions- und Bündelungsphase

Die Plakatkartons werden an den Trennungslinien der Segmente zerschnitten. Jedes Gruppenmitglied sucht sich zunächst einen Partner/eine Partnerin aus einer anderen Gruppe, der/die seiner/ihrer Geschichte den gleichen Bibeltext zugrunde gelegt hat (gleiche Farbe!). Die Partner präsentieren sich wechselseitig ihre Geschichten und Kommentare. Sie prüfen gemeinsam die Kommentare: Nehmen wir positiv oder negativ zur Fortsetzung der Situation Stellung? Wie können wir auf die Kommentare reagieren?

Abschließend eröffnet die Lehrkraft mit ihrer in der Einstiegsphase gemachten Äußerung ein Plenumsgespräch:

Du wirst heute Antworten auf die Frage suchen: Können Worte aus der Bibel die Welt verändern, zumindest die Sichtweisen auf eine besondere Situation … Jede Gesprächsäußerung beginnen wir mit dem Verlesen des jeweiligen Bibeltextes.

Möglichkeiten der Weiterarbeit

Aufgaben zur Überprüfung des Kompetenzgewinns: Weiterarbeit am Zeitungsartikel **B3**, aus dem die o. g. Situation entnommen wurde: Interview mit einer Kriminalhauptkommissarin. Nach gemeinsamem Lesen des Textes mit verteilten Rollen können in Kleingruppen folgende Aufgaben gestellt werden:

- Bezieht die Ratschläge der Kommissarin auf die dargestellte Gewaltsituation: Welche der Ratschläge werden in den erweiterten Geschichten angewendet bzw. missachtet?
- Beziehen sich die Ratschläge der Kommissarin auf die Bibeltexte:
  Welche der Ratschläge können als Ergänzungen der biblischen Texte verstanden werden? Gibt es Ratschläge, die den biblischen Texten widersprechen?

Alternative oder ergänzende Weiterarbeit: Präsentation von einem der in Fußnote 34 genannten Kurzfilme (SOFT eignet sich ggf. am besten, da dort gewaltlose und gewalttätige Auseinandersetzung mit Gewalt im öffentlichen Raum und die Konsequenzen dieser Reaktionen thematisiert werden). Anschließend entwickeln die jeweiligen Lerngruppen alternative Fortsetzungen der Filmgeschichte auf der Grundlage ihrer Bibelzitate. Auch die Frage, warum nicht wegen unterlassener Hilfeleistung ermittelt wird, bietet weiteren Diskussionsstoff, der mithilfe kooperativer Lernformen bearbeitet werden kann.

B1 Einer liegt am Boden

B2 Texte aus der Bergpredigt

Der Verfasser des Matthäusevangeliums hat einige Texte, die er in der Überlieferung vorgefunden hat, zu einer großen Rede Jesu zusammengefasst. Diese Rede wird BERGPREDIGT genannt, denn sie beginnt mit folgender Einleitung: »Als Jesus aber das Volk sah, ging er auf einen Berg und setzte sich; und seine Jünger traten zu ihm. Und er tat seinen Mund auf, lehrte sie und sprach: …« (Mt 5,1–2)

Gleich zu Beginn der Bergpredigt stehen die folgenden Sätze:

Selig sind die Sanftmütigen; denn sie werden das Erdreich besitzen.
Selig sind, die da hungert und dürstet nach Gerechtigkeit; denn sie sollen satt werden.
Selig sind die Friedfertigen, denn sie werden Gottes Kinder heißen. (Mt 5, 5.6.9)

- Überlege: Wie wird die auf dem Foto abgebildete Situation weitergehen, wenn sich eine der Personen an diese Sätze Jesu erinnert und danach handelt?
- Ergänze die Geschichte schriftlich auf deinem Feld auf dem Plakat. Die anderen Mitglieder deiner Tischgruppe werden anschließend Gelegenheit haben, deine Fortsetzung des Ereignisses zu lesen.

- -

Der Verfasser des Matthäusevangeliums hat einige Texte, die er überliefert bekommen hat, zu einer großen Rede Jesu zusammengefasst. Diese Rede wird BERGPREDIGT genannt, denn sie beginnt mit folgender Einleitung: »Als Jesus aber das Volk sah, ging er auf einen Berg und setzte sich; und seine Jünger traten zu ihm. Und er tat seinen Mund auf, lehrte sie und sprach: …« (Mt 5,1–2)

In dieser Bergpredigt stehen die folgenden Sätze:

Ihr habt gehört, dass gesagt ist: »Du sollst deinen Nächsten lieben und deinen Feind hassen.« Ich aber sage euch: »Liebt eure Feinde und bittet für die, die euch verfolgen, damit ihr Kinder seid eures Vaters im Himmel.« (Mt 5, 43–45)

- Überlege: Wie wird die auf dem Foto abgebildete Situation weitergehen, wenn sich einer der Personen an diese Sätze Jesu erinnert und danach handelt?
- Ergänze die Geschichte schriftlich auf deinem Feld auf dem Plakat. Die anderen Mitglieder deiner Tischgruppe werden anschließend Gelegenheit haben, deine Fortsetzung des Ereignisses zu lesen.

B2 Texte aus der Bergpredigt

Der Verfasser des Matthäusevangeliums hat einige Texte, die er überliefert bekommen hat, zu einer großen Rede Jesu zusammengefasst. Diese Rede wird BERGPREDIGT genannt, denn sie beginnt mit folgender Einleitung: »Als Jesus aber das Volk sah, ging er auf einen Berg und setzte sich; und seine Jünger traten zu ihm. Und er tat seinen Mund auf, lehrte sie und sprach: …« (Mt 5,1–2)

In dieser Bergpredigt stehen die folgenden Sätze:

Ihr habt gehört, dass gesagt ist: »Auge um Auge, Zahn um Zahn.« Ich aber sage euch, dass ihr nicht widerstreben sollt dem Übel, sondern: »wenn dich jemand auf deine rechte Backe schlägt, dem biete die andere auch dar.« (Mt 5, 38–39)

- Überlege: Wie wird die auf dem Foto abgebildete Situation weitergehen, wenn sich einer der Personen an diese Sätze Jesu erinnert und danach handelt?
- Ergänze die Geschichte schriftlich auf deinem Feld auf dem Plakat. Die anderen Mitglieder deiner Tischgruppe werden anschließend Gelegenheit haben, deine Fortsetzung des Ereignisses zu lesen.

Der Verfasser des Matthäusevangeliums hat einige Texte, die er überliefert bekommen hat, zu einer großen Rede Jesu zusammengefasst. Diese Rede wird BERGPREDIGT genannt, denn sie beginnt mit folgender Einleitung: »Als Jesus aber das Volk sah, ging er auf einen Berg und setzte sich; und seine Jünger traten zu ihm. Und er tat seinen Mund auf, lehrte sie und sprach: …« (Mt 5,1–2)

In dieser Bergpredigt stehen die folgenden Sätze:

Alles nun, was ihr wollt, dass euch die Leute tun sollen, das tut ihnen auch. (Mt 7,12)

- Überlege: Wie wird die auf dem Foto abgebildete Situation weitergehen, wenn sich einer der Personen an diese Sätze Jesu erinnert und danach handelt?
- Ergänze die Geschichte schriftlich auf deinem Feld auf dem Plakat. Die anderen Mitglieder deiner Tischgruppe werden anschließend Gelegenheit haben, deine Fortsetzung des Ereignisses zu lesen.

B3 Interview: Uta Raddatz, Kriminalhauptkommissarin, über den Umgang mit gewalttätigen Menschen

„Als Zeuge nicht zum Opfer werden"

INTERVIEW: *Uta Raddatz, Kriminalhauptkommissarin, über den Umgang mit gewalttätigen Menschen*

■ Bielefeld. Fünf Jugendliche werden in der Bielefelder Stadtbahn von einem Drogensüchtigen attackiert – und niemand kommt zu Hilfe. Gleichgültigkeit? Oder doch eher Hilflosigkeit, wie Uta Raddatz, Hauptkommissarin in Bielefeld, meint? Sie hat Jonas Damme erklärt, wie man die Angst überwinden kann, wenn andere oder man selbst angepöbelt, beleidigt oder körperlich angegangen werden.

Frau Raddatz, die Vorfälle neulich in der Stadtbahn waren erschreckend. Aber provokativ gefragt: Was sollte mich dazu verleiten einzugreifen, wenn zum Beispiel in der Straßenbahn abends drei Männer einen vierten anpöbeln? Wenn ich ihm zu Hilfe eile, werde ich möglicherweise auch geschlagen. Statt einer werden also zwei verletzt.

UTA RADDATZ: Das müssen Sie mit Ihrem Gewissen vereinbaren. Wenn Sie nichts tun, werden Sie aus der Bahn aussteigen und immer denken: Da hätte ich helfen können.

Kann es helfen, selbstbewusst auf einen oder mehrere Angreifer zuzugehen? Zu zeigen, dass man bereit ist zurückzuschlagen? Oder zumindest so zu tun, zu bluffen?

RADDATZ: Drohe nur an, was du auch durchziehen kannst. Man sollte nur so weit gehen, wie man es sich auch zutraut. Dass Menschen in solchen Situationen über sich hinauswachsen, ist die Ausnahme.

Was soll ich sonst tun?

RADDATZ: Zuerst sollte man den Attackierten fragen: „Brauchen Sie Hilfe?" Dann ist die erste konkrete Möglichkeit, die Polizei anzurufen. Da sollte man keine Scheu haben. Es ist besser, die Beamten kommen einmal zu viel als einmal zu wenig.

Und in einer Auseinandersetzung körperlich dazwischengehen?

RADDATZ: Es ist niemandem geholfen, wenn man hinterher selbst eine Faust ins Gesicht bekommt. Man sollte sich als Zeuge nicht selbst zum Opfer machen.

Was ist mit Verstärkungholen?

RADDATZ: Natürlich. Aber dann sollten Sie nicht einfach in den Raum rufen: „Hilfe!" Sprechen Sie lieber direkt jemanden an: „Sie da mit dem langen Anorak, können Sie mir bitte helfen?" So, dass sich jemand auch wirklich angesprochen fühlen muss. Dann fällt es demjenigen schwer wegzusehen.

Es hilft also, eine Gegengruppe gegen die Täter zu bilden?

RADDATZ: Ein Anführer hilft auf jeden Fall. Wenn sich einer findet, der sagt: „Das lassen wir jetzt nicht zu. Und Sie kommen jetzt mit und helfen!", dann kommen die anderen ganz häufig auch wirklich mit. Man weiß, dass die Menschen oft eigentlich hilfsbereit sind, aber jemanden brauchen, der ihnen sagt, was sie tun sollen.

Wer wird denn am ehesten zum Opfer? Gibt es da Schemata?

RADDATZ: Menschen, die ein niedriges Selbstwertgefühl haben, sind eher gefährdet. Wir wissen, dass Täter sich auf der Straße ihre Opfer angucken und auswählen. Aber jemand, der betrunken ist, wie im Fall in der Straßenbahn, der handelt nach keinem Schema mehr.

Was kann man also tun, um selbst in kritischen Situationen nicht zum Opfer zu werden?

RADDATZ: Man sollte nie den Blickkontakt vermeiden. Man sollte ihn im Gegenteil sogar suchen, signalisieren: Hier bin ich. Wenn ich im Dunkeln alleine mit der Straßenbahn nach Hause fahre, sehe ich mich immer deutlich um, um zu sehen, wen ich hinter mir habe.

Aber wenn ich Angst habe?

RADDATZ: Ich muss mir meiner Rolle klar werden. Wenn ich Angst habe, kann ich mich nicht darstellen. Dann habe ich ja auch eine Körpersprache. Wir sind Menschen, und wir achten aufeinander und gucken auch mal hin. Und sagen etwas.

Präventionsexpertin: *Uta Raddatz rät davon ab, in handfeste Streits körperlich einzugreifen. Lieber solle man Hilfe holen.* FOTO: ANDREAS ZOBE

INFO
Zur Person

◆ Uta Raddatz ist Kriminalhauptkommissarin im Bielefelder Dezernat für Kriminalprävention und Opferschutz.
◆ Als Opferschutzbeauftragte kümmert sich Raddatz um Prävention in unterschiedlichsten Bereichen: sexueller Missbrauch, allgemeine Gewaltkriminalität, aber auch Diebstahl und Verkehrssicherheit.

Vergeblich um Hilfe gerufen

■ Bielefeld. Etliche Personen haben mit in der Stadtbahn gesessen, als ein offensichtlich betrunkener Drogenabhängiger (24) vor einigen Tagen brutal eine Gruppe von Jugendlichen (17, 13) attackiert hat. Besonders hart traf es einen 17-Jährigen, der versucht hatte, sich dem Mann entgegenzustellen: Der Täter schlug immer wieder auf seinen Kopf ein. Obgleich die jungen Leute laut um Hilfe riefen, griff niemand ein. Gleichwohl wird nicht wegen unterlassener Hilfeleistung ermittelt.

Eine Wolke voller Worte ... – Eine Textcloud zum Dekalog zur Überprüfung des Kompetenzgewinns

Medien und Materialien

- C1: Beispiele für eine Tagcloud
- C2: Text des Dekalogs (nach lutherischer Tradition)
- Plakatkarton
- Eddings, dicke Wachsmalstifte oder dicke Buntstifte in mehreren Farben

Vorbereitung

Die Lehrkraft hat das Arbeitsblatt **C1** als OHP-Folie kopiert oder für eine Beamerpräsentation vorbereitet. Alternativ oder ergänzend hat sie über eine Suchmaschine mit dem Begriff »Tagcloud« eine Internetseite mit Tagcloud-Beispielen aufgerufen und ebenfalls als OHP-Folie vorbereitet.

Religionspädagogischer Kommentar

Neben dem Doppelgebot der Liebe (Mt 19,18–19) und der Goldenen Regel (Mt 7,12) gehört der Dekalog (Ex 20; Dtn 5) zu den Grundlagen einer christlichen Ethik. Für eine gelingende Bewältigung gegenwärtiger und zukünftiger ethischer **Anforderungssituationen** ist eine Kenntnis dieser Zehn Gebote maßgeblich, um die ethische **Urteilskompetenz** der Lernenden zu fördern und zu stärken. Die Auseinandersetzung mit dem Dekalog und seinen Forderungen gehört deshalb in jeden kompetenzorientierten Lehrplan.[6] Darüber hinaus wird in einer wachsenden multireligiösen Situation die **Dialogkompetenz,** mit der über die Fragen der ethischen Grundlagen lokalen und globalen Handelns zu entscheiden ist, dringend erforderlich. Dabei kann es von Bedeutung sein, in welcher Funktion der Dekalog in die ethische Entscheidungsfindung eingebracht wird: als unbedingt zu beachtende Regel im Rahmen einer konventionellen Stufe ethischer Entscheidung, als mögliche Prinzipien einer postkonventionellen Ethik oder in einer universellen Perspektive, in der Bewahrung der Freiheit aller und damit Gerechtigkeit für alle am Prozess der ethischen Urteilsbildung Beteiligten in den Blick genommen wird.

Intention und Zieltransparenz

Die hier darstellte Aufgabe zur Überprüfung des Kompetenzgewinns setzt eine Lernarbeit voraus, die zwei inhaltliche Schwerpunkte hat:

Zum einen erfolgt die Auseinandersetzung mit der möglichen Ursprungssituation des Dekalogs im Sinne einer hermeneutischen Rekonstruktion. Dies kann z. B. im Zusammenhang eines Unterrichtsprojekts zur Exodus-Sinai-Tradition (Ex. 1–20) erfolgen. Dabei kann deutlich werden, dass sich die Zehn Gebote nicht als Zwangsregeln verstehen, sondern als Regeln zur Bewahrung der als Tat Jahwes erlebten Befreiung durch den Auszug aus Ägypten.[7] Der Dekalog ist damit ursprünglich eine Sammlung von Regeln für erwachsene (!) Menschen, die als freie Bauern in einer überschaubaren Gemeinschaft zusammenleben. Der Dekalog ist kein »ehernes Gesetz«, sondern zeit- und situationsbedingt.

Deshalb erfolgt zum anderen eine hermeneutische Applikation, die die Regeln des Dekalogs in den Kontext gegenwärtiger ethischer Anforderungssituationen stellt. Dies kann z. B. exemplarisch durch die Erarbeitung von Dilemmasituationen geschehen, in denen der Dekalog als Lösungsmodell zur Diskussion gestellt wird.

Eine Zieltransparenz wird damit erreicht, dass den Schülerinnen und Schülern bereits zu Beginn der Evaluationsaufgabe deutlich wird, dass sich es in der folgenden Unterrichtssequenz nicht um eine erneute Lernarbeit handelt, sondern um selbsttätige Überprüfung des Kompetenzgewinns:

Ihr habt euch in den zurückliegenden Unterrichtsstunden mit den Zehn Geboten, ihrer Herkunft und Bedeutung damals und ihrer möglichen Bedeutung heute beschäftigt. Ihr werdet jetzt miteinander die Frage diskutieren: Warum ist es heute noch wichtig, die Zehn Gebote zu kennen?

Kommentar zur kooperativen Lernform

In der folgenden Evaluationsaufgabe wird die *Think-Pair-Share-Methode* eingesetzt, um den Schülerinnen und Schülern die Möglichkeit zu geben, ihren Kompetenzgewinn im Hinblick auf eine hermeneutische Applikation des Dekalogs zu klären. Es geht um die Klärung der Frage, welche Aussagen des Dekalogs sich auf aktuelle ethische Handlungssituationen beziehen lassen und welche Bedeutung dabei der Tatsache zu-

6 Exemplarisch dazu die Bildungsstandards für Evangelische Religionslehre Gymnasium in Baden-Württemberg: http://www.bildung-staerkt-menschen.de/service/downloads/Bildungsstandards/Gym/GymevRbs.pdf, S. 31–33.

7 Crüsemann, Frank (1993): Bewahrung der Freiheit. Das Thema des Dekalogs in sozialgeschichtlicher Perspektive. München.

kommt, dass das »Du sollst« der Zehn Gebote unter dem als befreiend wahrgenommenen Gott und im Rahmen der Bewahrung dieser Freiheit zum Schutz des Lebens und des Zusammenlebens aller steht.

Als Ergebnis der *Pair*-Phase in Kleingruppenarbeit entsteht eine Tagcloud aus Worten des Dekalogs und aktuellen ethischen Handlungssituationen. Eine Tagcloud ist eine Visualisierungsmethode, bei der eine Liste von Schlagworten (engl. *tag*) flächig angeordnet wird. Durch Farbgebung und durch unterschiedliche Schriftgröße und Schriftart wird die Bedeutung des jeweiligen Schlagwortes betont. Auf einer Internetseite dient die Tagcloud nicht selten dazu, die Zahl der »Klicks«, mit denen auf ein Schlagwort zugegriffen wurde, grafisch darzustellen: Je größer die Zahl der Zugriffe, desto größer und/oder farblich hervorgehobener ist das Schlagwort. Das Schlagwort »wächst« in der Bedeutung und Aktualität. Die auf C1 exemplarisch dargestellte Tagcloud deutet zudem an, dass durch eine entsprechende symbolische Darstellung (Baum der Religion; Herz als Symbol für Liebe) der Gesamtzusammenhang betont werden kann, in dem die Begriffe/Schlagworte stehen.

Die Erstellung einer gemeinsamen Tagcloud ist nicht nur eine spielerische, kreative Malerei mit Worten, sondern stellt symbolisch den **Kompetenzgewinn in der Wahrnehmungs-, Deutungs- und Urteilsfähigkeit** dar und bietet in der *Share*-Phase die Möglichkeit, die **Dialogkompetenz** bei der Wertschätzung der Ergebnisse der anderen und dem Vertreten des eigenen Standpunkts darzustellen. Die *Share*-Phase wird mit Hilfe einer *Fishbowl*-Diskussion durchgeführt: Die Kleingruppen bestimmen einen Vertreter, der in einem Diskussionskreis innen das Ergebnis der Gruppe präsentiert und gegenüber anderen Darstellungen vertritt, während die weiteren Gruppenmitglieder in einem Außenkreis die Diskussion verfolgen. Die weitere Ausgestaltung der Fishbowl-Diskussion kann den Ausführungen in der Verlaufsplanung folgen.[8]

Verlaufsplan

- *Einstieg:* Die Lehrkraft präsentiert auf dem OHP oder dem Beamer die Tagcloud C1. In der anschließenden Spontanphase und einem gelenkten Unterrichtsgespräch wird die Funktion und die Erstellung einer Tagcloud im Internet[9] erläutert. Es kann erwartet werden, dass einige Schülerinnen und Schüler auf ihre Erfahrungen im Umgang mit solchen Tagclouds zurückgreifen können.
- *Erschließungsphase:* Zu Beginn der Erschließungsphase stellt die Lehrkraft die Zieltransparenz her: »Ihr habt euch in den zurückliegenden Unterrichtsstunden mit den Zehn Geboten, ihrer Herkunft und Bedeutung damals und ihrer möglichen Bedeutung heute beschäftigt. Ihr werdet heute miteinander die Frage diskutieren: ›Warum ist es noch wichtig, die Zehn Gebote zu kennen.‹« Sie stellt den Arbeitsauftrag: »In Gruppen zu vier Personen werdet ihr eine solche Tagcloud/Schlagwortwolke aus den Worten des Dekalogs erstellen. Dazu arbeitet zunächst jeder für sich. Auf einem Arbeitsblatt unterstreicht jeder selbstständig, welche Worte für ihn heute besondere Bedeutung haben. Achtet dabei darauf: Sind es nur die Hauptwörter oder auch Verben, die für euch wichtig sind? Wenn alle fertig sind, vergleicht ihr eure Ergebnisse: Welche Worte wurden von allen unterstrichen, welche nur von einigen, von einem oder gar nicht? Erstellt aus diesem Ergebnis eine Tagcloud/Schlagwortwolke auf eurem Plakatkarton. Ihr werdet in einer anschließenden Diskussion euer Plakat vorstellen, andere Lösungen wahrnehmen und eure Darstellung gegenüber anderen begründen und vertreten.«

Die Schülerinnen und Schüler arbeiten gemäß dem Arbeitsauftrag. Die Lehrkraft wird ggf. bei einigen Kleingruppen den Übergang von der *Think*-Phase zur *Pair*-Phase einleiten. Sie steht vor allem bei möglichen Entscheidungskonflikten in Kleingruppen als Gesprächspartner zur Verfügung und kann Lösungsmöglichkeiten vorschlagen: Worte mit gleicher Gewichtung ggf. in verschiedenen Farben darstellen; für in der Gruppe problematische Worte eine besondere Schriftform nutzen; auf die Möglichkeit hinweisen, der Tagcloud eine besondere Form (u. a. Herz, Kreis, Pyramide, Quadrat) zu geben.

Reflexions- und Bündelungsphase

Die Kleingruppen finden sich zu einer *Fishbowl*-Diskussion zusammen. Je nach Raumsituation werden die Plakate in der Kreismitte ausgelegt oder hinter der jeweiligen Zuschauergruppe an Pinnwänden oder Stellwänden platziert. Die Aufgabe der Lehrperson kann sich – je nach Fähigkeit der Klasse im Umgang mit der Methode – auf das Mithören, Moderieren oder Leiten der Diskussion beziehen. Auf jeden Fall wird sie die Diskussion mit der zu erörternden Frage eröffnen: »Warum ist es noch wichtig, die Zehn Gebo-

8 http://de.wikipedia.org/wiki/Fishbowl.
9 Siehe dazu auch http://de.wikipedia.org/wiki/Schlagwortwolke.

te zu kennen?« Die übrigen Kleingruppenmitglieder können sich nicht nur als Zuhörerinnen und Zuhörer beteiligen, sondern entweder auf einem Gaststuhl in der Mitte oder durch Ablösung des Vertreters/der Vertreterin in der Mitte (Abschlagen, Doppeln des Gruppenvertreters) beteiligen.

Möglichkeiten der Weiterarbeit

Das Ergebnis der *Fishbowl*-Diskussion kann in den Kleingruppen weiter verarbeitet werden, z. B. durch die Vorbereitung einer Ausstellung aller Tagcloud-Plakate zum Dekalog, in der die eigene Tagcloud mit einem schriftlichen Erläuterung versehen wird, zu anderen Tagclouds weitere kommentierende, aber wertschätzende Kommentare formuliert werden.

C1 Beispiele für eine Tagcloud

Buddhismus
Judentum
Christentum
Islam
Hinduismus
Religion

© VRD – Fotolia.com

© DanBu.Berlin – Fotolia.com

C2 Text des Dekalogs

Ich bin der Herr, dein Gott.

Du sollst keine anderen Götter haben neben mir.

Du sollst den Namen des Herrn, deines Gottes, nicht missbrauchen.

Du sollst den Feiertag heiligen.

Du sollst deinen Vater und deine Mutter ehren.

Du sollst nicht töten.

Du sollst nicht ehebrechen.

Du sollst nicht stehlen.

Du sollst nicht falsch Zeugnis reden gegen deinen Nächsten.

Du sollst nicht begehren deines Nächsten Haus.

Du sollst nicht begehren deines Nächsten Weib, Knecht, Magd, Vieh noch alles, was dein Nächster hat.

2 Formen der kooperativen (Bibel-)Textarbeit

Die Förderung der Lesekompetenz gehört nicht erst seit den ernüchternden Ergebnissen der PISA-Studien zu den Kernaufgaben von Schule. Gerade der Religionsunterricht hat es von der Grundschule bis zur Sekundarstufe II mit (biblischen) Texten zu tun,[1] die als Medium der Lernarbeit von den Schülerinnen und Schülern erschlossen werden. Trotz der »Macht der Bilder« ist ein rein visualisierendes Lernangebot nicht denkbar. Die folgenden Beispiele gehen davon aus, dass Sinn erschließendes Lesen vor allem dann gelingen kann, wenn Schülerinnen und Schüler untereinander kommunizieren. Lesen im Unterricht kann als kooperative Lernarbeit gestaltet werden.

Die Motivation zu dieser Lernarbeit ergibt sich vor allem dann, wenn der Arbeitsauftrag für die Schülerinnen und Schüler methoden- und zieltransparent klärt, welcher Kompetenzgewinn mit Hilfe der Lesearbeit erreicht werden kann. Das sinnerschließende Lesen wird somit als eine Konstruktionsleistung verstanden, die vorhandene Kompetenzen mit neu erworbenen verknüpft und sie dabei gleichzeitig oder anschließend einem Gegenüber darstellt, mit dessen Konstruktionen vergleicht und gemeinsam überprüft (Ko-Konstruktion).

Die ersten beiden Beispiele in diesem Abschnitt nutzen Formen einer **strukturierten Partnerarbeit,** die sich dann als effektiv erweist, wenn ihr präzise Arbeitsanweisungen zugrunde liegen, die kooperative Lernformen initiieren. Die eingesetzten Methoden[2] richten sich danach, ob die Paare in der *Think-Phase* an den gleichen Texten oder an unterschiedlichen Texten gearbeitet haben, die sie anschließend in einer *Share-Phase* reflektieren.

Partnerarbeit mit unterschiedlichen Texten:

- *Zusammenfassen:* Partnerin A stellt Partner B eine Zusammenfassung ihres Textes vor. B gibt das Gehörte mit eigenen Worten wieder, während A darauf achtet, ob dieses Echo die wesentlichen Aspekte der Zusammenfassung enthält. Anschließend stellt B seinen Text vor.
- *Aktives Zuhören:* Partnerin A gibt ihren Text mit eigenen Worten wieder (bei längeren Texten ggf. in Abschnitten), Partner B formuliert anschließend Verstehensfragen, z. B. »Habe ich dich richtig verstanden, dass .../Mir ist noch unklar, wie ...«, die A beantwortet. Anschließend tauschen A und B die Rollen.
- *Umdrehen:* Partnerin A gibt den von ihr bearbeiteten Text und die darin enthaltenen Informationen rückwärts, vom Ende zum Anfang wieder. Partner B rekonstruiert den ursprünglichen Text. Diese Methode eignet sich auch gut zum Erfassen (biblischer und anderer) Geschichten.

Partnerarbeit mit gleichen Texten:

- *Korrigieren:* Partnerin A trägt den Text vor, baut aber eine vorgegebene Anzahl von Fehlinformationen in ihren Vortrag ein, die Partner B entdecken muss.
- *Weiterführen:* Partnerin A trägt einen ersten Teil des Textes/einer Geschichte vor, B ergänzt und gibt wieder an A ab. Diese Methode eignet sich vor allem für längere Texte oder Geschichten.
- *Einigen:* Diese Methode kommt vor allem bei Texten oder Geschichten zum Einsatz, nach deren Lektüre sich A und B auf eine gemeinsame Lösung einigen oder eine gemeinsame Präsentation vorbereiten. Textvorlagen können z. B. unvollständige (biblische) Geschichten oder Dilemma-Geschichten sein, über deren Fortsetzung A und B sich verständigen müssen, oder Sachtexte, aus denen wichtige Begriffe herausgestellt werden sollen.
- *Checken:* Die Methode eignet sich vor allem für Texte, in denen viel Information oder Faktenwissen aufgenommen werden muss. Partnerin A wählt z. B. drei Sachinformationen aus dem Text aus und formuliert dazu Fragen, die Partner B beantwortet. Anschließend ist B der Fragende.
- *Gedanken verbalisieren:* Diese Methode eignet sich vor allem für schwierige Texte. Dabei reflektieren beide Parteien ihre Leseergebnisse auf einer »Meta-

1 Siehe dazu die Beiträge zu »Zugänge zur Bibel ...« in Ruben Zimmermann/Mirjam Zimmermann (2013): Handbuch Bibeldidaktik. Tübingen, S. 618 ff.

2 Basierend auf den »Neun Strategien für effektive Partnerarbeit« in: Ludger Brüning/Tobias Saum (2009): Erfolgreich unterrichten 2, S. 62

ebene«, auf der sie ihre Gedanken, Einsichten und Verstehensschwierigkeiten in Fragen an ihren Partner richten: »Ich habe verstanden, dass ... Mir ist unklar geblieben, warum ... Hast du herausbekommen, wie ... Kannst du mir erklären, was ...?«
- *Ergänzen:* Diese Methode eignet sich nicht nur dafür, gemeinsam Sachinformationen aus einem Text zu sammeln, sondern sich z. B. gegenseitig eine Geschichte vorzustellen. Dazu beginnt Partner A mit einem ersten Satz einer frei formulierten Zusammenfassung, den Partnerin B mit einem zweiten Satz fortsetzt usw.

Das dritte Beispiel in diesem Abschnitt präsentiert die kooperative Lernform des **reziproken Lesens.** Nunmehr wird ein Text/eine Geschichte nicht mehr in Partnerarbeit, sondern in Kleingruppenarbeit erschlossen: Zur Fähigkeit des Lesens gehört nicht nur das Wahrnehmen von Text. Sinnerschließendes Lesen ist vielmehr eine Konstruktionsleistung, bei der bisheriges Wissen mit neuen Sachverhalten verknüpft und für weitere Zusammenhänge erschlossen wird (Nachhaltigkeit). Nicht das schnelle Lesen zielt auf eine nachhaltige Förderung der Lesekompetenz, sondern zunächst die »Entdeckung der Langsamkeit« (Sten Nadolny), mit der die Selbstreflexion über einen Text geübt werden kann. Die kooperative Lernform des reziproken Lesens externalisiert also in einer Kleingruppen aus vier Schülerinnen und Schülern einen Prozess, der zunehmend internalisiert werden soll: Lesen eines Textabschnittes – Formulieren von Fragen – Inhaltsangaben und Zusammenfassungen von Inhalten – Erklärung unverstandener Textstellen – Entwicklung eines Erwartungshorizonts für den nächsten Textabschnitt. Reihum und im weiteren Verlauf rotierend übernimmt jedes Mitglied der Kleingruppe eine der vier Aufgaben sinnerschließenden Lesens.

Menschen zur Zeit Jesu –
Formen strukturierter Partnerarbeit zur Erarbeitung von Sachinformationen

Medien und Materialien
- D1.1 – D1.6: Infokarten zu Menschen und Gruppierungen zur Zeit Jesu
- D2.1 – D2.3: Arbeitsaufträge zur Lesearbeit
- Farbige Klebepunkte

Vorbereitung
Jede der Infokarten **D1.1–D1.6** hat die Lehrkraft je zweimal oder viermal kopiert und mit farbigen Klebepunkten versehen, sodass sich in der *Share*-Phase durch die Farbgebung Partner finden können. Die gesamte Zahl der Infokarten ergibt sich aus der Zahl der Mitglieder der Lerngruppe. Für die Partnerarbeit hat die Lehrkraft außerdem eine Auswahl aus den Arbeitsaufträgen **D2.1–D2.3** getroffen und in entsprechender Anzahl kopiert.

Religionspädagogischer Kommentar
Vor allem in den Jahrgangsstufen 5–6 gehört die Beschäftigung mit Fragen zu »Zeit und Umwelt Jesu« zu den Kernthemen des Religionsunterrichts beider Konfessionen. Die Sachinformationen, die Schülerinnen und Schüler in diesem Kontext erwerben, dienen nicht zuletzt dem Ziel eines sachgerechten Umgangs mit biblischen Texten. Ohne Kenntnis zur Lebenswelt Jesu, zu geografischen Gegebenheiten, sozialen Gruppierungen und politischen Verhältnissen kann keine hermeneutische Rekonstruktion der Jesusgeschichten aus den Evangelien gelingen, ebenso wenig wie das Verstehen der Bildebene der Gleichnisse Jesu oder der Umstände, die zur Kreuzigung Jesu führten. Auch wichtige Aspekte paulinischer Biografie und seiner Briefe nötigen zu einem Basiswissen geografischer, politischer und religiöser Hintergründe.

Gerade der kompetenzorientierte Religionsunterricht wird diese Sachinformationen nicht allein in einem wissenschaftspropädeutischen Kurs zu den biblischen Realien anbieten, sondern mit der Lernarbeit an ausgewählten Fragestellungen zum Leben Jesu und weiteren christologischen Fragen verknüpfen. Die **Wahrnehmungs-, Deutungs- und Urteilskompetenz** im Umgang mit der Frage »Warum musste Jesus sterben?« nötigt auch zur Kenntnis der politischen und religiösen Gruppierungen zur Zeit Jesu sowie der Lebensumstände der Menschen in Israel, die aktiv oder passiv, progressiv oder ablehnend an der Kreuzigung Jesu beteiligt waren. Nicht zuletzt leistet Sachkenntnis einen Beitrag zur **Dialogkompetenz** vor allem dann, wenn die Frage nach den historischen Fakten (»Hat dieser Jesus wirklich gelebt?«) eine sachgerechte Antwort fordert oder – in späteren Jahrgängen – Lernende vor der Lernarbeit stehen, die Ostertexte der Evangelien im Zusammenhang mit der Passionsgeschichte Jesu auf ihre christologischen Interpretationen hin zu untersuchen (**Methodenkompetenz**) bis hin zur Einleitung eines Zugangs zur liturgischen Ausgestaltung der Passions- und Osterzeit im kirchlichen Leben (**Handlungs- und Gestaltungskompetenz**).

Intention und Zieltransparenz

Die hier vorgestellten Aufgabenbeispiele können im Kontext eines kompetenzorientierten Unterrichtsprojekts stehen, in dem anhand ausgewählter Texte der Evangelien die Lerngruppe zur eigenständigen Erarbeitung der Lebensumstände in Palästina zur Zeit Jesu ermutigt wird. Dabei kann die Frage »Warum musste Jesus sterben?« im Hintergrund jeder Lernarbeit stehen, sodass Schülerinnen und Schüler die Lernchance erhalten, eigenständige Lösungen auf diese Frage zu finden, auf die die theologische Forschung zum historischen Jesus gegenwärtig folgende Antwort gibt: »Der Tod Jesu ist die Folge von Spannungen zwischen einem vom Lande kommenden Charismatiker und einer städtischen Elite, zwischen jüdischer Erneuerungsbewegung und römischer Fremdherrschaft[...] Religiöse und politische Gründe lassen sich nicht auseinander halten.«[3] Die Formulierung der Zieltransparenz initiiert die damit gegebene Lernarbeit:

In den Geschichten, die von Jesus erzählt werden und die Jesus erzählt, kommen immer wieder besondere Personen und Personengruppen vor: Pharisäer, Schriftgelehrte, Sadduzäer, Kranke, Bettler, Aussätzige und viele mehr. Was sind das für Menschen? Wie leben sie, was denken sie? Warum sind sie für oder gegen Jesus? Damit werdet ihr euch in der nächsten Lernzeit beschäftigen. Es ist ein Schritt zur Beantwortung unserer Frage: Warum musste Jesus sterben?

Kommentar zur kooperativen Lernform

Die Formen einer strukturierten Partnerarbeit wurden bereits in der Einleitung beschrieben. In der Erschließungsphase des folgenden Beispiels kommen einige Formen zum Einsatz. Die gewählten Methoden sind – nicht ganz beliebig, aber in der Regel – austauschbar. Sie finden sich deshalb auf gesonderten Aufgabenkarten zur Lesearbeit (**D2.1** bis **D2.3**). Für die Partnerarbeit wurden die Formen *Korrigieren, Checken* und *Ergänzen* gewählt. Die Lehrkraft wird aus diesem Aufgabenspektrum entsprechend der konkreten Lerngruppe eine Auswahl treffen. In der Reflexions- und Bündelungsphase kommt in einer Kleingruppenarbeit die Form *Einigen* zum Einsatz. Damit wird deutlich, dass diese Formen des kooperativen Lesens auch in anderen Sozialformen Anwendung finden können.

3 Gerd Theißen/Annette Merz (2001): Der historische Jesus – ein Lehrbuch. Göttingen. S. 408.

Verlaufsplan

- *Einstieg:* Die Lehrkraft schreibt den Begriff »Jesus« an die Tafel und heftet anschließend entsprechend beschriftete Karten an die Tafel/Magnetwand: Römer, Pharisäer, Zöllner, Sadduzäer, Tagelöhner, Samaritaner, Aussätzige, Priester, Besessene, Levit. Ggf. kommen aus der Lerngruppe bereits weitere Nennungen zu Personen und Gruppen zur Zeit Jesu.
  Die Schülerinnen und Schüler reagieren spontan, äußern Vorwissen. Ggf. werden Karteikarten bereits nach Kriterien kategorisiert und gruppiert. Ergänzend können auch Geschichten und Texte in Erinnerung gerufen werden, in denen eine oder mehrere dieser Personengruppen vorkommen. Die Lehrkraft stellt die Zieltransparenz zur folgenden Lernarbeit mit der oben genannten Eingangsfrage her.
- *Erschließungsphase:* Für die Lernarbeit wählen die Schülerinnen und Schüler je eine Infokarte aus D1.1 – D1.6 aus und erhalten dazu einen Arbeitsauftrag (D2.1 – D2.3) Sie arbeiten zunächst in Einzelarbeit (*Think*-Phase). Anschließend suchen sie durch Hochhalten ihrer Infokarte ihren Partner/ihre Partnerin mit einer gleichen Farbe und beginnen mit der Partnerarbeit (*Share*-Phase).

Reflexions- und Bündelungsphase

Nach Abschluss aller Partnerarbeiten versammeln sich alle Schülerinnen und Schüler mit der gleichen Infokarte in einer Kleingruppe. Alle Kleingruppen erhalten zur Vorbereitung der *Pair*-Phase den gleichen Arbeitsauftrag, der eine kooperative Lernarbeit mit der Methode *Einigen* initiiert: Jeder Text beginnt mit einer Frage. Die Kleingruppe einigt sich auf sechs (!) Begriffe, mit denen sie anschließend vor der gesamten Lerngruppe diese Frage beantwortet.

Möglichkeiten der Weiterarbeit

- An ausgewählten Jesusgeschichten können die Einsichten und Sachinformationen, die in der Lesearbeit gewonnen wurden, eingesetzt werden. Dazu werden Kleingruppen gebildet, deren Mitglieder unterschiedliche Texte aus der Erschließungsphase gelesen und bearbeitet haben. Mögliche Texte: Mt 22,15–22 (Die Frage nach der Steuer); Mk 2,13–17 (Die Berufung des Levi), Mk 2, 1–12 (Die Heilung des Gelähmten); Lk 10, 25–36 (Der barmherzige Samaritaner); Lk 22, 63–23, 12 (Jesus vor dem Hohen Rat, Pilatus und Herodes).

- Zu dem Roman *Der Schatten des Galiläers*[4], der seinen Einsatz eher als Ganzschrift im Bereich der SEK II[5] findet, gibt es jetzt eine auch für jüngere Schüler geeignete comicartige *graphic novel*[6], die in Auszügen eingesetzt werden kann, um die Einsichten der Lerngruppe zu vertiefen.

4 Gerd Theißen (2008): Der Schatten des Galiläers. Gütersloh.

5 Vgl. dazu Mirjam Zimmermann (2010): Gerd Theißen: Der Schatten des Galiläers. Zum Umgang mit einer Ganzschrift im Religionsunterricht, in: Religion betrifft uns 2/2010, S. 1–32.

6 Tony Schreiber (2013): Der Schatten des Galiläers. Nach dem Bestseller von Gerd Theißen. Gütersloh.

D1.1 Was machen die Römer in Israel, dem Land, in dem Jesus lebt?

In vielen Geschichten des Neuen Testaments, vor allem in den Evangelien, kommen Römer vor: ein römischer Kaiser, römische Beamte und schließlich immer wieder römische Soldaten. Zur Zeit Jesu gehört Israel zum römischen Weltreich, das sich weit über den gesamten Mittelmeerraum erstreckt.

Dieses Weltreich wird von einem Kaiser regiert, die Römer nennen ihn Caesar. Die Hauptstadt des römischen Reiches ist Rom. Der erste römische Kaiser ist Augustus, sein Nachfolger heißt Tiberius. Er regiert von 14–37 n. Chr. also in der Zeit, in der Jesus lebt.

Damit die Römer ihr riesiges Reich regieren können, haben sie es in Provinzen eingeteilt, die von einem Statthalter verwaltet werden. Israel ist sogar in zwei Provinzen geteilt: Der südliche Teil, zu dem auch die Hauptstadt Jerusalem gehört, heißt Judäa. Zur Zeit Jesu wird diese Provinz vom Statthalter Pontius Pilatus verwaltet. Der Amtssitz von Pilatus ist aber nicht Jerusalem, sondern Cäsarea am Mittelmeer.

Im nördlichen Teil, zu dem auch Jesu Heimat Galiläa gehört, haben die Römer einen jüdischen König eingesetzt, der die Aufgaben des Statthalters übernimmt. Er heißt Herodes. Er macht die Stadt Sepphoris, einen Ort ganz in der Nähe von Jesu Heimatort Nazareth, zu seinem Amtssitz.

Allein mit einem Statthalter lassen sich die Provinzen nicht verwalten. Deshalb haben die Römer viele Soldaten, die für Ruhe und Ordnung in den Provinzen sorgen sollen.

Die Soldaten sind in Legionen eingeteilt, die von einem Zenturio geführt werden. Überall im Land sind die Legionen stationiert.

D1.2 Warum mag eigentlich keiner die Zöllner?

Israel ist ein Teil des römischen Weltreiches, das sich weit über den gesamten Mittelmeerraum erstreckt. Die Römer brauchen Geld, um ihr Land zu regieren. Deshalb nehmen die Römer von den Menschen Steuern und Zölle ein. Diese Steuern und Zölle treiben die Römer aber nicht selbst ein.

In Israel werden dazu Juden eingesetzt, die einen Zollbezirk ersteigern. Für diesen Zollbezirk bezahlen sie eine jährliche Pacht an die Römer. Was sie darüber hinaus einnehmen, gehört ihnen. Das sind die sogenannten Zollpächter oder Oberzöllner.

Für vieles werden Zölle oder Steuern eingenommen: Beim Überschreiten einer Landesgrenze, für die Benutzung von Wegen oder Brücken, für besondere Nahrungsmittel wie Fisch, Salz, Öl und Wein.

Überall im Land stehen Zollstationen, an denen Zöllner oder Zollgehilfen für die Zollpächter arbeiten. Auch das sind Juden. Oft werden diese Zöllner verdächtigt, dass sie mit falschen Gewichten oder Maßen arbeiten, um mehr Geld einzunehmen, als ihnen zusteht.

Oberzöllner und Zöllner sind bei den Menschen in Israel nicht beliebt. Man hält sie für Betrüger und vergleicht sie mit Räubern und Dieben. Denn sie arbeiten mit den Römern zusammen.

Weil sie oft Kontakt mit den Römern haben, gelten sie als »unrein«. Deshalb meiden die Menschen den Umgang mit Zöllnern. Schon wer das Haus eines Oberzöllners betritt, gilt selbst als »unrein«.

D1.3 Was ist eigentlich das Besondere an den Pharisäern?

In vielen Geschichten, die von Jesus erzählt werden oder die Jesus erzählt, kommen Pharisäer vor. Oft werden sie sogar als Gegner Jesu dargestellt. Sie streiten sich mit Jesus oder reden hinter seinem Rücken über ihn.

Die Pharisäer bilden eine wichtige religiöse Gruppe, zu ihr gehören Kaufleute, Handwerker und Bauern. Andere Menschen begegnen ihnen oft mit großem Respekt. Sie sind angesehene Leute, weil sie sich mit religiösen Vorschriften der Juden, der Thora, ganz besonders gut auskennen.

Sie versuchen, nach den Regeln der Thora zu leben. Das ist nicht ganz einfach, denn nicht immer ist klar, was ein Gebot bedeuten soll: Wie soll man z. B. den Sabbat, den Feiertag der Juden, »heiligen«, wie es in den Zehn Geboten steht?

Deshalb kennen die Pharisäer neben den schriftlichen Anweisungen der Thora noch 248 Gebote und 365 Verbote, die helfen sollen, die Vorschriften einzuhalten: So soll man am Sabbat nicht nur keine Arbeit verrichten, sondern auch nur höchstens 800 Meter weit gehen. Man soll kein Essen machen oder Feuer anzünden

Die Pharisäer halten sich von allen Menschen fern, die die Gebote nicht einhalten oder einhalten können. Das sind vor allem die Zöllner, aber auch Kranke und Bettler, die sie für »unrein« halten. Auch die Römer mögen sie nicht.

Weil sich die Pharisäer gut in den heiligen Schriften der Juden auskennen, werden aus ihren Reihen sehr häufig die Schriftgelehrten bestimmt. Außerdem sind die Pharisäer oft die Synagogenvorsteher, die Leiter einer jüdischen Gottesdienstgemeinde,.

D1.4 Wer sind die Sadduzäer, Priester, Leviten und der Hohe Rat?

In vielen Geschichten, die von Jesus erzählt werden, kommen Sadduzäer, Priester, Leviten, auch ein Hohepriester und ein Hoher Rat vor.

Die Sadduzäer bilden eine wichtige Gruppe der Bevölkerung in Israel. Sie gehören oft zu den reichen und angesehenen Leuten. Die meisten von ihnen wohnen in der Hauptstadt Jerusalem und die meisten der Mitglieder des Hohen Rates gehören der Gruppe der Sadduzäer an.

Welche Aufgaben hat der Hohe Rat? Der Hohe Rat – manchmal wird er auch *Synhedrium* genannt – ist das oberste Gericht der Juden. Zurzeit Jesu darf dieser Hohe Rat aber nur in religiösen Angelegenheiten Entscheidungen treffen und darf auch keine Todesurteile fällen. Dafür ist der römische Statthalter zuständig.

Der Hohe Rat wählt aus seiner Mitte den Hohepriester als seinen Leiter und Vorsitzenden. Meist kommt der Hohepriester aus der Gruppe der Sadduzäer. Zur Zeit Jesu ist Kaiphas Hohepriester.

Aber es gibt noch viele andere Priester in Israel. Diese Priester sind vor allem dazu da, den Gottesdienst am Tempel in Jerusalem zu halten. Dazu gehört auch, dass sie die Opfergaben, die die Menschen in den Tempel bringen, annehmen.

Unterstützt werden sie dabei von den Leviten, einer besonderen Gruppe in der israelitischen Bevölkerung, die für Organisationsaufgaben im Tempel zuständig sind, aber auch für den Gesang im Tempel. Die meisten Leviten und Priester wohnen nicht in Jerusalem, sondern im ganzen Land. Wenn sie für den Dienst eingeteilt sind, ziehen sie in die Hauptstadt.

D1.5 Was unterscheidet Zeloten, Essener und Samaritaner?

Die Begriffe *Zeloten, Essener* oder *Qumranleute* wirst du in den Geschichten, die von Jesus erzählt werden oder die Jesus erzählt, nicht finden. Und doch ist es wichtig, von ihnen zu wissen, um manche Geschichten besser zu verstehen.

Zur Zeit Jesu gehört das Land Israel zum römischen Weltreich. Für viele Juden gelten die Römer als Besatzungsmacht. Es gibt sogar eine richtige Widerstandsbewegung gegen die Römer. Das sind die Zeloten. Zelot bedeutet »wilder Kämpfer«.

Die Zeloten treten häufig in kleinen Gruppen auf und überfallen römische Soldaten und ihre Einrichtungen. Aber auch Juden, die mit den Römern zusammenarbeiten, werden von den Zeloten überfallen und oft auch getötet.

Manche der Zeloten tragen versteckt unter ihren Kleidern einen kurzen Dolch. Diese »Dolchmänner« werden Sikarier genannt. Einer der Begleiter Jesu wird in der Bibel Judas Iskariot genannt. Das könnte man als Judas, der Sikarier, übersetzen. Vielleicht war Judas früher ein Sikarier und hatte die Hoffnung, dass Jesus ihr Anführer werden wird. Hat Judas deshalb Jesus verraten?

Die Essener sind eine besondere Gruppe in Israel. Viele von ihnen leben in einer Siedlung in der Nähe des Toten Meeres. Viele der Essener leben dort in einer klosterähnlichen Gemeinschaft, verzichten auf die Ehe und leben sehr enthaltsam.

Auch die Samaritaner sind eine besondere Gruppe in Israel, aber sie werden von den Juden wie Fremde behandelt, weil sie einen eigenen Tempel in Samaria haben. Kein Jude durchquert ohne besonderen Grund das Gebiet um Samaria, da die Samaritaner als unrein gelten.

D1.6 Wie leben die Menschen in Israel zur Zeit Jesu?

Männer, Frauen, Kinder – Bettler, Kranke, Aussätzige. In den Geschichten, die von Jesus erzählt werden oder die Jesus erzählt, kommen viele unterschiedliche Personen vor. Viele Menschen verdienen ihren Lebensunterhalt im Ackerbau, mit dem Anbau von Wein, Oliven oder Feigen oder leben von der Viehzucht, als Handwerker oder als Fischer an einem der Seen in Israel. Jesus selbst war Zimmermann wie auch schon sein Vater.

Natürlich gibt es reiche Großgrundbesitzer, manche von ihnen leben sogar im Ausland und lassen ihre Güter durch einen Verwalter bewirtschaften.

Viele Menschen aber sind arm. Sie verdienen den Lebensunterhalt für sich und ihre Familie als Tagelöhner. Das bedeutet, dass sie immer nur für einen Tag angestellt werden. An manchen Tagen verdienen sie nichts. Häufig beträgt der Tagesverdienst nur einen Denar (= 192 Scherflein).

Damit kann ein Tagelöhner seine Familie ernähren – für einen Tag. Oft halten die Familien und Sippen deshalb fest zusammen, wer keine Familie hat oder z. B. als Witwe leben muss, hat es sehr schwer. Mancher muss dann auf den Straßen betteln oder sucht seine Nahrung in den Abfällen der Reichen.

Schlecht dran sind auch viele Kranke. Krankheit wird als Strafe Gottes angesehen. Wer krank ist, ist selber schuld. Auch geistige Erkrankungen werden so erklärt, dass Dämonen oder Geister in die Menschen gefahren sind, die diese zu merkwürdigen Reaktionen und Verhaltensweisen veranlassen.

Besondere Leiden sind Lähmung, Blindheit und Gehörlosigkeit und vor allem Hautaussatz, der ansteckend ist. Aussätzige müssen deshalb allein oder in Gruppen an besonderen Orten leben.

D.2.1–3 Aufgaben zu den Texten

D2.1

1. Lies den Text leise. Du hast genug Zeit dafür.
2. Markiere mit einem Bleistift Begriffe/Worte, die helfen können, die Frage in der Überschrift zu beantworten. Du darfst mindestens fünf, maximal aber zehn Worte markieren.
3. Wenn du fertig bist, hältst du dein Infoblatt in die Höhe. Finde einen Partner oder eine Partnerin, der/die ein Infoblatt mit demselben Farbpunkt bearbeitet hat.

Partnerarbeit

- Einer von euch beginnt: Trage deinem Partner/deiner Partnerin eine Zusammenfassung des Textes auf deinem Infoblatt vor. In deinen Vortrag baust du fünf Fehler ein, die dein Zuhörer/deine Zuhörerin entdecken soll.
- Anschließend tauscht ihr eure Rollen.

D2.2

1. Lies den Text leise. Du hast genug Zeit dafür.
2. Markiere mit einem Bleistift Begriffe/Worte, die helfen können, die Frage in der Überschrift zu beantworten. Du darfst mindestens fünf, maximal aber zehn Worte markieren.
3. Wenn du fertig bist, hältst du dein Infoblatt in die Höhe. Finde einen Partner oder eine Partnerin, der/die ein Infoblatt mit demselben Farbpunkt bearbeitet hat.

Partnerarbeit

- Einer von euch beginnt: Formuliere zu einem der Begriffe/Worte, die du unterstrichen hast, eine Frage, die dein Partner/deine Partnerin beantworten muss. Die Frage darf nicht zu einfach sein, aber auch nicht zu schwer.
- Anschließend formuliert dein Partner/deine Partnerin eine Frage.
- Ihr wechselt die Rollen so lange, bis ihr zu allen markierten Begriffen/Wörtern eine Frage formuliert habt.

D2.3

1. Lies den Text leise. Du hast genug Zeit dafür.
2. Markiere in jedem Abschnitt mit einem Bleistift zwei Begriffe/Worte, die dir in diesem Abschnitt ganz besonders wichtig erscheinen.
3. Wenn du fertig bist, hältst du dein Infoblatt in die Höhe. Finde einen Partner oder eine Partnerin, der/die ein Infoblatt mit demselben Farbpunkt bearbeitet hat.

Partnerarbeit

- Einer von euch beginnt: Formuliere zwei Sätze, mit denen du den Inhalt des ersten Abschnittes des Textes zusammenfasst. In jedem der beiden Sätze soll einer der beiden Begriffe/Worte vorkommen, die du in diesem Abschnitt markiert hast.
- Falls dein Partner/deine Partnerin andere Begriffe/Worte unterstrichen hat, ergänzt er/sie deine Sätze mit einem Satz zu diesen Begriffen/Worten.
- Ihr wechselt die Rollen so lange, bis ihr auf diesem Weg alle sechs Abschnitte des Textes bearbeitet habt.

Die glücklichen Augenblicke in den Geschichten von und mit Jesus – Formen strukturierter Partnerarbeit zur Unterstützung sinnerfassenden Lesens

Medien und Materialien

- E1: Textkarten für ein Vier-Ecken-Spiel
- E2.1 – E2.3: Aufgabenkarten
- Klassensatz Bibeln

Vorbereitung

Die Lehrkraft hat die vier Textkarten auf **E1** ggf. großformatig kopiert und verdeckt in den vier Ecken des Raumes ausgelegt.

Für die Arbeit an den Texten wird vorausgesetzt, dass sich die Schülerinnen und Schüler bereits die Fähigkeit zum Auffinden von Bibeltexten aufgrund von Kapitel- und Versangaben erarbeitet haben. Zur Vereinfachung werden nur Texte aus dem Matthäusevangelium verwendet. Ein Klassensatz Bibeln (Wahl der Übersetzung nach üblichem Gebrauch im Unterricht) wird bereitgestellt.

Jede der Aufgabenkarten **E2.1** bis **E2.3** hat die Lehrkraft in einer anderen Farbe kopiert, sodass sich durch die Farbgebung Paare finden können. Jede Farbe ist zweimal oder viermal vorhanden. Die Zahl der Aufgabenkarten ergibt sich aus der Zahl der Mitglieder der Lerngruppe.

Religionspädagogischer Kommentar

Die Lernarbeit im Religionsunterricht setzt unter anderem die Fähigkeit voraus, eigenständig Texte zu lesen und deren Inhalt zu erfassen, indem das Gelesene u. a. mit bereits vorhandenem Wissen vernetzt wird und damit ein sinnerschließendes Lesen erfolgen kann. Der Lernarbeit mit der Bibel im kompetenzorientierten Religionsunterricht[7] kommt nach Hartmut Rupp insofern eine besondere Bedeutung zu, weil es dabei nicht nur wie im inhaltsorientierten Religionsunterricht um Bibelwissen (Kenntnis von biblischen Texten und Geschichten), Bibelbuchwissen (Entstehungsgeschichte der Bibel), Bibelbuchkönnen (sich in der Bibel zurechtfinden) geht, sondern vor allem um Bibellesenkönnen als Kompetenz »eigenständig und sachgemäß einen Bibeltext auslegen zu können«[8]. **Wahrnehmungskompetenz, Deutungskompetenz, Urteilskompetenz und Methodenkompetenz** liegen beim Bibellesen also ganz eng beieinander: »Verstehst du auch, was du liest?« (Apg 8.30). Bereits das Studium einer Schriftrolle des Jesajabuchs durch den äthiopischen Finanzbeamten könnte an mangelnder Auslegungskompetenz scheitern. Der Erwerb dieser Auslegungskompetenz soll – so Hartmut Rupp – unter anderem auch Spaß machen, indem eine Verbindung hergestellt wird zwischen sinnerfassendem Lesen (Text) wie der eigenen Lebenswirklichkeit (Ich) einerseits und dem ersten eigenen Verstehen (Ausdruck) sowie dem Verständnis anderer (Kommunikation) andererseits (**Dialogkompetenz**).

In den folgenden Beispielen erhalten die Schülerinnen und Schüler die Lernchance, Jesusgeschichten (Wundergeschichten und Gleichnisse) auf die darin zum Ausdruck kommenden Fragen und Antworten nach dem »(Lebens-)Glück« zu untersuchen. Die Texte werden also auf einen Aspekt der eigenen Lebenswirklichkeit bezogen. Lebensglück – zu unterscheiden vom Zufallsglück – wird dabei als eine existentielle Lebensqualität verstanden.[9] Dieses Lernangebot geht von der theologischen Einsicht aus, dass die Suche nach Glück, das Erleben und Erfahren von Glück, die glücklichen Momente im Leben der Menschen um Jesus eng mit seiner Botschaft vom Reich Gottes verbunden sind.[10] Während Wundergeschichten vom Glück der leibhaftigen Begegnung mit Jesus und seiner Botschaft berichten, erzählen Gleichnisse vom Glück derer, unter denen das Reich Gottes anbricht. Wunder und Gleichnis korrespondieren miteinander: Wundergeschichten sind erzählte Gleichnisse, Gleichnisse sind wunderbare Geschichten. So bringt Jesus »Glück für die, mit denen er zu tun hatte. [...] Ich halte Jesus für den glücklichsten Menschen, der je gelebt hat. [...] Jesus erscheint in der Schilderung der Evangelien als ein Mensch, der seine Umgebung mit Glück ansteckte ...«[11] Nicht zuletzt lässt Matthäus die für ihn zentrale Bergpredigt mit einer Reihe von Seligpreisungen beginnen, die von glücklichen Menschen im Horizont des Reiches Gottes sprechen (Mt 5,3–11).

Die **Anforderungssituation** bezieht sich also auf ein Verstehen biblischer Texte im Kontext heutiger

7 Hartmut Rupp (2005): Die Bibel im kompetenzorientierten Religionsunterricht, in: http://www2.ekiba.de/download/RuppDieBibelimkompetenzorientRU.pdf.

8 Ebd., S. 3.

9 Astrid Görtz (2007): Existentielle Lebensqualität – Über die Messbarkeit von Glück und Wohlbefinden, Saarbrücken.

10 Angela Standhartinger (2005): Glück in der Bibel, in: Ilona Nord/Fritz Rüdiger Volz (Hg.): An den Rändern. Theologische Lernprozesse mit Yorick Spiegel, Münster, S. 347–360.

11 Dorothee Sölle (1978): Phantasie und Gehorsam. Stuttgart, S. 59.63.

Lebenswirklichkeit: Was haben diese Geschichten von und mit Jesus mit heutiger Suche nach Glück zu tun, worin unterscheiden sich beide? Die sich daraus ergebende differenzierte Anforderungssituation stellt Schülerinnen und Schüler vor die Aufgabe, das Zufallsglück vom Lebensglück zu unterscheiden und Wundergeschichten und Gleichnisse exemplarisch daraufhin zu untersuchen, welches Angebot an Lebensglück sie ihren Zuhörern und Leserinnen machen.

Intention und Zieltransparenz

Die hier vorgestellten Aufgabenbeispiele können im Kontext eines kompetenzorientierten Unterrichtsprojekts stehen, in dem nicht das Faktenwissen über Jesu Umwelt und Leben im Mittelpunkt steht, sondern Lernangebote, die die Geschichten von Jesu Wundern und seine Gleichnisse als »Lebensangebote des Jesus aus Nazareth«[12] verstehen und damit Anlässe zu christologischen Gesprächen mit Schülerinnen und Schülern bieten. Die Zieltransparenz könnte deshalb mit dem Arbeitsauftrag zur Textarbeit genannt werden:

Wer ist eigentlich dieser Jesus aus Nazareth? Auf diese Frage findest du viele Antworten in den Geschichten von und mit Jesus, mit denen du dich beschäftigen wirst. Und das hat auch mit der Frage nach dem Glück zu tun, auf die ihr eben versucht habt, Antworten zu finden.

Kommentar zur kooperativen Lernform

In der Erschließungsphase des folgenden Verlaufsplans werden exemplarisch die Strategien der Ko-Konstruktion *Zusammenfassen* **(E2.1)** – *Aktives Zuhören* **(E2.2)** – *Umdrehen* **(E2.3)** in einer effektiven Partnerarbeit vorgestellt. Die Arbeitsaufträge auf den Karten **E2.1 – E2.3** sind also Beispiele, die in ihrer Summe nicht innerhalb einer Erschließungsphase zum Einsatz kommen. In der Regel wird die Lehrkraft aus diesen Strategien eine Auswahl für die konkrete Lerngruppe treffen.

Verlaufsplan

- *Einstieg:* Die Lehrkraft erläutert das Vier-Ecken-Spiel. In jeder Ecke des Raumes liegt eine der vier Aufgabenkarten von **E1** aus. Die Schülerinnen und Schüler verteilen sich gleichmäßig auf alle vier Ecken und arbeiten entsprechend den Aufgaben: Nach ca. sechs Minuten beendet die Lehrkraft die Partnerarbeit in den Ecken und fordert auf, sich in neuen Gruppen in einer anderen Ecke zusammenzufinden. Die Phasen der Partnerarbeit werden drei- bis viermal wiederholt. Abschließend schreibt jeder Schüler/jede Schülerin eine Satzergänzung auf eine Karteikarte und heftet sie an eine Pinnwand: »Menschen sind glücklich, wenn ...«.
- *Erschließungsphase:* Zu Beginn der Erschließungsphase stellt die Lehrkraft die Zieltransparenz her: Wer ist eigentlich dieser Jesus aus Nazareth? Für die Lernarbeit wählen die Schülerinnen und Schüler je eine Arbeitskarte aus E2.1 – E2.3 aus. Sie arbeiten zunächst in Einzelarbeit (*Think*-Phase). Anschließend suchen sie durch Hochhalten ihrer Arbeitskarte einen Partner/eine Partnerin mit gleicher Farbkarte und beginnen mit der Partnerarbeit (*Share*-Phase).

Reflexions- und Bündelungsphase

Die Kleingruppen finden sich zu einer *Fishbowl*-Diskussion[13] zusammen.

Möglichkeiten der Weiterarbeit

Das Ergebnis der *Fishbowl*-Diskussion kann in Kleingruppen weiter verarbeitet werden.

12 So der inhaltliche Schwerpunkt im Kernlehrplan Ev. Religionslehre NRW Gymnasium (www.standardsicherung.nrw.de), S. 20.

13 Zur Fishbowl-Diskussion vgl. S. 32.

E1 Textkarten für ein Vier-Ecken-Spiel

Für viele Menschen ist Glück etwas ganz Wichtiges im Leben.

Überlege: Wenn du Glück malen könntest, wie sähe dein Bild aus?

Denke einen Augenblick nach.

Dann hebe die Hand als Zeichen dafür, dass du fertig bist. Suche dir eine Partnerin/einen Partner.

Erzählt euch gegenseitig von eurem Bild.

Es gibt viele Erfahrungen im Leben, bei denen man vom Glück reden kann.

Überlege: Ich erinnere mich daran, wie ich einmal richtig Glück gehabt habe.

Denke einen Augenblick nach.

Dann hebe die Hand als Zeichen dafür, dass du fertig bist. Suche dir eine Partnerin/einen Partner.

Erzählt euch gegenseitig von euren Erinnerungen.

Glückliche Augenblicke gibt es zu unterschiedlichen Anlässen, Zeiten und Orten.

Überlege: Wann bin ich das letzte Mal richtig glücklich gewesen?

Denke einen Augenblick nach.

Dann hebe die Hand als Zeichen dafür, dass du fertig bist. Suche dir eine Partnerin/einen Partner.

Erzählt euch gegenseitig von eurem glücklichen Augenblick.

Manchmal denken wir, dass wir zum Glück etwas ganz Besonderes brauchen.

Überlege: Was brauche ich zum Glücklichsein?

Denke einen Augenblick nach.

Dann hebe die Hand als Zeichen dafür, dass du fertig bist. Suche dir eine Partnerin/einen Partner

Erzählt euch gegenseitig, was ihr zum Glück nötig habt.

E2.1 Ein Bild vom Glücklichsein

Für viele Menschen ist Glück etwas ganz Wichtiges im Leben.

Von Jesus wird dazu die folgende Geschichte erzählt (Lk 15, 1–7):

Es nahten sich ihm aber allerlei Zöllner und Sünder, um ihn zu hören. Und die Pharisäer und Schriftgelehrten murrten und sprachen: Dieser nimmt die Sünder an und isst mit ihnen.

Er sagte aber zu ihnen dies Gleichnis und sprach: Welcher Mensch ist unter euch, der hundert Schafe hat und, wenn er »eins« von ihnen verliert, nicht die neunundneunzig in der Wüste lässt und geht dem verlorenen nach, bis er's findet? Und wenn er's gefunden hat, so legt er sich's auf die Schultern voller Freude. Und wenn er heimkommt, ruft er seine Freunde und Nachbarn und spricht zu ihnen: Freut euch mit mir; denn ich habe mein Schaf gefunden, das verloren war. Ich sage euch: So wird auch Freude im Himmel sein über »einen« Sünder, der Buße tut, mehr als über neunundneunzig Gerechte, die der Buße nicht bedürfen.

Du bist einer der Pharisäer, der die Geschichte gehört hat.
Überlege: Wenn du das Glück in dieser Geschichte malen könntest, wie sähe dein Bild aus?

Denke einen Augenblick nach.
Suche dir einen Partner/eine Partnerin mit gleichfarbigem Arbeitsblatt. Beschreibe ihm/ihr dein Bild.

E2.2 Eine Geschichte vom Glück

Es gibt viele Erfahrungen im Leben, bei denen man vom Glück reden kann.

Von Jesus wird dazu die folgende Geschichte erzählt (Lk 19, 1–10):

Und er ging nach Jericho hinein und zog hindurch. Und siehe, da war ein Mann mit Namen Zachäus, der war ein Oberer der Zöllner und war reich. Und er begehrte, Jesus zu sehen, wer er wäre, und konnte es nicht wegen der Menge; denn er war klein von Gestalt. Und er lief voraus und stieg auf einen Maulbeerbaum, um ihn zu sehen; denn dort sollte er durchkommen. Und als Jesus an die Stelle kam, sah er auf und sprach zu ihm: Zachäus, steig eilend herunter; denn ich muss heute in deinem Haus einkehren. Und er stieg eilend herunter und nahm ihn auf mit Freuden. Als sie das sahen, murrten sie alle und sprachen: Bei einem Sünder ist er eingekehrt. Zachäus aber trat vor den Herrn und sprach: Siehe, Herr, die Hälfte von meinem Besitz gebe ich den Armen, und wenn ich jemanden betrogen habe, so gebe ich es vierfach zurück. Jesus aber sprach zu ihm: Heute ist diesem Hause Heil widerfahren, denn auch er ist Abrahams Sohn. Denn der Menschensohn ist gekommen, zu suchen und selig zu machen, was verloren ist.

Du bist Zachäus, der die Geschichte erlebt hat.
Überlege dir, was Zachäus erzählen kann: Ich erinnere mich daran, wie ich einmal richtig Glück gehabt habe.

Denke einen Augenblick nach.
Suche dir einen Partner/eine Partnerin mit gleichfarbigem Arbeitsblatt. Erzähle ihm/ihr die Geschichte, die Zachäus berichtet. Beginne mit den Worten: »Ich bin Zachäus. Einmal habe ich …« Im Anschluss daran darf deine Partnerin/dein Partner dir Fragen stellen, z. B.

- Zachäus, verstehe ich dich richtig, dass …
- Zachäus, könntest du mir noch einmal erklären …
- Zachäus, ich habe nicht verstanden, warum …

E2.3 Eine Geschichte vom Glück

Glückliche Augenblicke gibt es zu unterschiedlichen Anlässen, Zeiten und Orten.
Überlege: Wann bin ich das letzte Mal richtig glücklich gewesen?

Jesus erzählt dazu die folgende Geschichte erzählt (Lk 9, 10–17):

Und Jesus nahm seine Jünger zu sich, und er zog sich mit ihnen allein in die Stadt zurück, die heißt Betsaida. Als die Menge das merkte, zog sie ihm nach. Und er ließ sie zu sich und sprach zu ihnen vom Reich Gottes und machte gesund, die der Heilung bedurften. Aber der Tag fing an, sich zu neigen. Da traten die Zwölf zu ihm und sprachen: Lass das Volk gehen, damit sie hingehen in die Dörfer und Höfe ringsum und Herberge und Essen finden; denn wir sind hier in der Wüste. Er aber sprach zu ihnen: Gebt ihr ihnen zu essen. Sie sprachen: Wir haben nicht mehr als fünf Brote und zwei Fische, es sei denn, dass wir hingehen sollen und für alle diese Leute Essen kaufen. Denn es waren etwa fünftausend Mann. Er sprach aber zu seinen Jüngern: Lasst sie sich setzen in Gruppen zu je fünfzig. Und sie taten das und ließen alle sich setzen. Da nahm er die fünf Brote und zwei Fische und sah auf zum Himmel und dankte, brach sie und gab sie den Jüngern, damit sie dem Volk austeilten. Und sie aßen und wurden alle satt; und es wurde aufgesammelt, was sie an Brocken übrig ließen, zwölf Körbe voll.

Du bist ein Mensch aus dem Volk, der die Geschichte erlebt hat.
Überlege dir, was er zu folgender Frage erzählen kann: Wann bin ich das letzte Mal richtig glücklich gewesen?

Denke einen Augenblick nach.
Suche dir einen Partner/eine Partnerin mit gleichfarbigem Arbeitsblatt. Erzähle ihm/ihr die Geschichte, aber umgekehrt, vom Ende bis zum Anfang. Beginne mit den Worten: »Heute bin ich richtig satt geworden …« Anschließend gib deine Geschichte wieder, indem du jeden Satz - vom Ende bis zum Anfang der Geschichte - mit eigenen Worten erzählst. Nun versucht dein Partner/deine Partnerin, die ursprüngliche Geschichte wiederzugeben. Du korrigierst ihn/sie, wenn etwas nicht stimmt.

Dem Täter auf der Spur – Reziprokes Lesen zur Geschichte von David und Batseba

Medien und Materialien

- F1: David und Batseba (Julius Schnorr von Carolsfeld)
- F2: David, Batseba und Uria (2. Sam 11 in Auszügen)
- F3: David und Natan (Julius Schnorr von Carolsfeld)
- F4: Natan stellt David zur Rede (2. Sam 12 in Auszügen)
- F5: Rollenkarten für das reziproke Lesen
- Plakatkartons, Klebestifte und Eddings für jede Kleingruppe

Vorbereitung

Die Lehrkraft hat für die zwei Phasen der reziproken Texterschließung die vier Abschnitte der Texte auf **F2** und **F4** auseinander geschnitten und in jeweils vier Umschläge gesteckt und mit Nummern versehen. Für die Vorbereitung der Präsentation liegen für jede Gruppe die Bilder **F1** und **F3** sowie die weiteren Materialien bereit.

Pro Kleingruppe hat die Lehrkraft einen Satz der Rollenkarten **(F5)** erstellt. Für die Verwendung bei weiteren Lernarbeiten können diese Karten laminiert werden.

Religionspädagogischer Kommentar

Die Erzählungen vom Aufstieg Davids zum zweiten König von Israel, seine Auseinandersetzung mit dem ersten König Saul, die Festigung seiner Herrschaft bis hin zur Etablierung einer auf seine Person gründenden Dynastie unter seinem Sohn Salomo (1. Sam 16 – 1. Kön 11) gehörten bereits in vielen inhaltsorientierten Lehrplänen zum Basiswissen alttestamentlicher Texte und sind dort Teil des zu erwerbenden Faktenwissens zur Geschichte Israels. In kompetenzorientierten Lehrplänen verlieren diese Geschichten z. T. ihre Position als »klassische Lerninhalte«. Orientierungswissen bei der Erarbeitung biblischer Geschichten tritt an die Stelle von Faktenwissen. So erhalten Schülerinnen und Schüler die Lernchancen zur **Wahrnehmungs- und Deutungskompetenz,** indem sie »ausgewählte Erzählungen des AT unter dem Aspekt der Lebensorientierung«[14] untersuchen und »anhand ausgewählter biblischer Geschichten Beispiele für verantwortungsbewusstes Handeln in der eigenen Lebenswelt entwickeln«[15]. Gerade anhand der Geschichten um Davids Ehebruch mit Batseba, das Mordkomplett gegen deren Ehemann Uria zur Vertuschung seines Vergehens sowie die Aufklärung des »Falls« durch den Hofpropheten Natan (2. Sam 11–12) können für gegenwärtige **Anforderungssituationen** Maßstäbe und Beurteilungskriterien für »individuelle und gesellschaftliche Handlungsweisen«[16] erworben werden. Sie fördern damit die ethische **Urteilskompetenz.** An der Person Davids kann deutlich werden, wie eine ethisch-moralische Entwicklungsstufe, in der gilt: »Gerecht ist, was ich will« überwunden wird und erste Ansätze einer Diskursethik erworben werden können, in der die Bedürfnisse und Belange aller an einem Konflikt beteiligten Personen in das ethische Urteil einbezogen werden. Die Erarbeitung des Natan-Gleichnisses (2. Sam 12,1–12), mit dem der Prophet David »überführt«, ist deshalb ein Lernangebot, das einen Transfer von **Dialogkompetenz** in gegenwärtige Anforderungssituationen ermöglicht.

Intention und Zieltransparenz

Die hier vorgestellte Aufgabe zur Erarbeitung der Geschichte von David und Batseba und deren Folgen setzt eine Lernarbeit voraus, in der anhand ausgewählter Geschichten Davids Aufstieg zum König über Israel in Grundzügen erarbeitet wurde. Bisher haben die Schülerinnen und Schüler David als einen von Gott selbst seit seiner Salbung (1. Sam 16) designierten, mutigen und einfallsreichen Menschen kennengelernt. In der Geschichte von David und Batseba lernen sie David »von einer anderen Seite« kennen. Eine Zieltransparenz wird damit erreicht, dass sie bereits zu Beginn der folgenden Aufgabe auf diesen Perspektivwechsel hingewiesen werden:

David, ein cooler Typ? Er weiß sich von Gott beauftragt, er besiegt den großen Philister Goliath und setzt sich gegen Saul durch, er erobert Jerusalem und baut einen Palast. David ist ein toller Mann! – Ist er perfekt, vollkommen? Am Ende dieser Lernarbeit werdet ihr auf diese Frage eine Antwort gefunden haben.

---

14 Kernlehrplan Evangelische Religionslehre für die Gesamtschule in Nordrhein-Westfalen. Quelle: http://www.standardsicherung.schulministerium.nrw.de/lehrplaene/upload/lehrplaene_download/gesamtschule/gs_religionslehre_evangelisch.pdf, S. 19

15 Ebd., S. 17.

16 Ebd., S. 20.

Kommentar zur kooperativen Lernform

Zur Fähigkeit des Lesens gehört nicht nur das Wahrnehmen von Text. Sinnerschließendes Lesen ist vielmehr eine Konstruktionsleistung, bei der bisheriges Wissen mit neuen Sachverhalten verknüpft und für weitere Zusammenhänge erschlossen wird. Nicht das schnelle Lesen zielt auf eine nachhaltige Förderung der Lesekompetenz, sondern zunächst die Entschleunigung von Lernarbeit, mit der die Selbstreflexion über einen Text geübt werden kann. Die kooperative Lernform des reziproken Lesens externalisiert in einer vierköpfigen Kleingruppe einen Prozess, der zunehmend internalisiert werden soll: Lesen eines Textabschnittes – Formulieren von Fragen – Inhaltsangaben und Zusammenfassungen von Inhalten – Erklärung unverstandener Textstellen – Entwicklung eines Erwartungshorizonts für den nächsten Textabschnitt. Reihum und im weiteren Verlauf rotierend übernehmen die vier Mitglieder der Kleingruppe eine der vier Aufgaben sinnerschließenden Lesens.

Die Geschichte von David und Batseba eignet sich in einer 5./6. Jahrgangsstufe für eine Einführung in die Lernform des reziproken Lesens. Bewusst wird deshalb die Geschichte in der Fassung des Luthertextes von 1984 angeboten und nicht »altersgerecht« angepasst, um einen entsprechenden Schwierigkeitsgrad des Verstehens zu erhalten. Allerdings werden die zwei Erzählungen dem kognitiven Entwicklungsstand angemessen in jeweils vier Abschnitten (**F2** und **F4**) angeboten, die zum einen Spannung erzeugen (Wie wird Uria reagieren? Was macht David? Wie wird Natan seinen Auftrag erfüllen?), die zum weiteren Lesen animieren, zum anderen aber auch – in einer Bündelungsphase – eine kontroverse ethische Auseinandersetzung auslösen sollen (Darf sich ein Mächtiger alles erlauben? Welche Strafe verdient David? Darf David noch König bleiben oder muss er abtreten?), die ggf. auch in einer Podiums-Diskussion weitergeführt werden kann. Die Visualisierung durch Bilder (**F1** und **F3**) ermöglicht sowohl der Klasse als auch der Lehrperson, ihre Lernarbeit beim reziproken Lesen zu überprüfen und zu vertiefen. Die Bilder haben die Funktion einer visuellen Lesehilfe.

Verlaufsplan

- *Einstieg:* Die Lehrkraft erläutert die Lernarbeit der Unterrichtssequenz und stellt die Zieltransparenz her: »David, ein cooler Typ?«
  »Ihr werdet euch gleich in Gruppen zu viert zusammenfinden. Jede Vierergruppe bildet ein Untersuchungs-Team, das sich mit einem besonderen Fall beschäftigt. Wie bei einem richtigen Team der Kriminalpolizei übernimmt jedes Gruppenmitglied eine ganz besondere Aufgabe. Die Aufgaben stehen auf einer der vier Rollenkarten für jede Gruppe. Den Fall bekommt jedes Ermittlungsteam in Form von vier anonymen Briefen zugespielt. Erst wenn ein Brief in der Gruppe bearbeitet worden ist und alle ihre Rollenaufgaben erledigt haben, wechselt ihr die Rollen im Uhrzeigersinn und öffnet den Brief mit der nächsten Nummer.«
- *Erschließungsphase:* Die Lehrkraft verteilt zunächst die Rollenkarten für das reziproke Lesen. Durch Vorlesen der Rollenaufgaben werden die Arbeitsabläufe in den Gruppen vertieft. Erst dann erhält jede Gruppe einen Satz der Briefumschläge mit dem ersten Text (**F2**). Individuell nach Arbeitsgeschwindigkeit der Kleingruppen verteilt die Lehrkraft die Plakatkartons und weitere Materialien sowie das Bild **F1**. Die Kleingruppen verfassen mit Hilfe des Bildes einen »Untersuchungsbericht« auf dem Plakat.
  Anschließend arbeiten die Gruppen in gleicher Reihenfolge mit Hilfe der Textabschnitte von **F4** und dem Bild **F3**. Alternativ verteilt die Lehrkraft zunächst das Bild **F3**. Bevor die Kleingruppe mit der Lernarbeit am Text **F4** beginnt, stellt sie Vermutungen über die dargestellte Situation an und erhält anschließend die Textabschnitte zur Verifizierung ihrer Vermutungen. Wie beim ersten Text schließt jede Kleingruppe ihre Arbeit mit einem »Untersuchungsbericht« ab.

Reflexions- und Bündelungsphase

Die Kleingruppen präsentieren ihre Ergebnisse in der gesamten Lerngruppe. Die Präsentation kann auch in der Form einer als *Podiums-Diskussion* gestalteten Pressekonferenz vorgenommen werden: Je ein Vertreter einer Kleingruppe stellt die Untersuchungsergebnisse vor, das Plenum kann durch entsprechende Fragen die Ergebnisse kommentieren, vertiefen oder auf zusätzliche Einsichten und Erkenntnisse hinweisen.

Möglichkeiten der Weiterarbeit

Der den Kleingruppen vorgelegte Text aus 2. Sam verzichtet bewusst auf das (Gottes-)Urteil des Natan, das er in Vers 14 fällt:

Natan erwiderte: »Auch wenn der Herr über deine Schuld hinwegsieht und du nicht sterben musst –
14 der Sohn, den dir Batseba geboren hat, muss sterben, weil du mit deiner Untat den Herrn verhöhnt
hast!« 15 Dann ging Natan nach Hause.

Im Anschluss an die in der Reflexionsphase abgehaltene Pressekonferenz kann nun eine Gerichtsverhandlung in Form einer *Fishbowl-Diskussion* abgehalten werden, in der Vertreter der Kleingruppen miteinander die Frage diskutieren, welcher Verbrechen sich David schuldig gemacht hat (ggf. können die Zehn Gebote als Maßstab zugrunde gelegt werden) und welches Urteil über ihn zu fällen ist. Das Urteil des Natan kann abschließend durch die Lehrkraft verkündet werden oder eröffnet durch das gemeinsame Lesen von 2. Sam 12,14–25 eine erneute Runde des reziproken Lesens in Kleingruppen.

F1 David und Batseba

F2 David, Batseba und Uria (2. Sam 11 in Auszügen)

Für die Arbeit in den Kleingruppen wird der Text zerschnitten und in je einen nummerierten Umschlag gelegt:

1 Im folgenden Frühjahr, um die Zeit, wenn die Könige in den Krieg ziehen, schickte David Joab mit seinen Kriegsleuten und dazu das ganze Heer Israels von Neuem in den Kampf. Sie setzten den Ammonitern schwer zu und belagerten ihre Hauptstadt Rabba. David selbst blieb in Jerusalem.

2 An einem Spätnachmittag erhob sich David von der Mittagsruhe und ging auf dem flachen Dach des Königspalastes auf und ab.
Da sah er im Hof des Nachbarhauses eine Frau, die gerade badete. Sie war sehr schön. 3 David ließ einen
Diener kommen und erkundigte sich, wer sie sei. Man sagte ihm: »Das ist doch Batseba, die Tochter Ammiëls und Frau des Hetiters Urija.«
4 David schickte Boten hin und ließ sie holen. Sie kam zu ihm und er schlief mit ihr. Sie hatte gerade die Reinigung nach ihrer monatlichen Blutung vorgenommen. Danach kehrte sie wieder in ihr Haus zurück.
5 Die Frau wurde schwanger und ließ David ausrichten: »Ich bin schwanger geworden!«

6 Da sandte er einen Boten zu Joab mit dem Befehl: »Schick mir den Hetiter Urija her!« Und Joab schickte
ihn zu David. 7 Als Urija kam, erkundigte sich David, ob es Joab gut gehe und den Kriegsleuten gut gehe und ob die Kampfhandlungen erfolgreich verliefen. [...]
8 Dann sagte er zu ihm: »Geh jetzt nach Hause und ruh dich aus!« Als Urija den Palast verließ, wurde ein
königliches Ehrengeschenk hinter ihm hergetragen. 9 Doch Urija ging nicht in sein Haus, sondern übernachtete mit den anderen Dienern seines Herrn am Tor des Königspalastes.

14 Am nächsten Morgen schrieb David einen Brief an Joab und ließ ihn durch Urija überbringen. 15 Darin stand: »Stellt Urija in die vorderste Linie, wo der Kampf am härtesten ist! Dann zieht euch plötzlich von ihm zurück, sodass er erschlagen wird und den Tod findet.«
16 Joab wusste, wo die Gegner ihre tapfersten Kämpfer hatten. Als nun die Israeliten die Stadt weiter belagerten, stellte er Urija genau an diese Stelle.
17 Einmal machten dort die Belagerten einen Ausfall und lieferten Joab ein Gefecht, bei dem einige von Davids Leuten fielen. Auch Urija fand dabei den Tod.
18 Joab meldete David den Verlauf des Gefechts [...].
26 Als die Frau Urijas hörte, dass ihr Mann gefallen war, hielt sie für ihn die Totenklage. [...]
27 Nach Ablauf der Trauerzeit holte David sie zu sich in seinen Palast und heiratete sie. Sie gebar ihm einen Sohn. Doch dem Herrn missfiel, was David getan hatte

F3 Natan und David

F4 Nathan stellt David zur Rede (2. Sam 12 in Auszügen)

Für die Arbeit in den Kleingruppen wird der Text in Abschnitte zerschnitten und in je einen nummerierten Umschlag gelegt:

1 Deshalb sandte der Herr den Propheten Natan zu David. Natan ging zum König und sagte: »Ich muss
dir einen Rechtsfall vortragen: Zwei Männer lebten in derselben Stadt. Der eine war reich, der andere arm.
2 Der Reiche besaß eine große Zahl von Schafen und Rindern. 3 Der Arme hatte nichts außer einem ein-
zigen kleinen Lämmchen. Er hatte es gekauft und zog es zusammen mit seinen Kindern bei sich auf. Es aß
von seinem Brot, trank aus seinem Becher und schlief in seinem Schoß. Er hielt es wie eine Tochter. 4 Eines
Tages bekam der reiche Mann Besuch. Er wollte keines von seinen eigenen Schafen oder Rindern für seinen
Gast hergeben. Darum nahm er dem Armen das Lamm weg und setzte es seinem Gast vor.«

5 David brach in heftigen Zorn aus und rief: »So gewiss der Herr lebt: Der Mann, der das getan hat, muss
sterben!
6 Und das Lamm muss er vierfach ersetzen – als Strafe dafür, dass er diese Untat begangen und kein Mit-
leid gehabt hat!«

7 »Du bist der Mann!«, sagte Natan zu David. »Und so spricht der Herr, der Gott Israels: ›Ich habe dich zum
König über Israel gesalbt und dich vor den Nachstellungen Sauls gerettet. 8 Ich habe dir den ganzen Besitz
deines Herrn gegeben, habe seine Frauen in deinen Schoß gelegt und dich zum König über Juda und Israel
gemacht. Und wenn das noch zu wenig war, hätte ich dir noch dies und das geben können. 9 Warum hast du
meine Gebote missachtet und getan, was mir missfällt? Du hast den Hetiter Urija auf dem Gewissen, durch
das Schwert der Ammoniter hast du ihn umbringen lassen und dann hast du dir seine Frau genommen.

10 Genauso wird nun das Schwert sich in aller Zukunft in deiner Familie Opfer suchen, weil du mich missachtet und die Frau des Hetiters zu deiner Frau gemacht hast.‹« [...]
13 David sagte zu Natan: »Ich bekenne mich schuldig vor dem Herrn!«

F5 Rollenkarten

<table>
<tr>
<td>

Stelle mindestens drei Fragen, die aus dem Text heraus beantwortet werden können.
Die anderen Mitglieder deines Teams beantworten die Fragen.
Achte darauf, dass die Fragen nicht zu leicht zu beantworten sind.</td>
<td>
Deine Aufgabe ist es, den Textabschnitt zusammenzufassen.
Die anderen Mitglieder deines Teams werden beurteilen, ob die Zusammenfassung gelungen ist oder ob es notwendig ist, weitere Informationen in der Zusammenfassung zu nennen.</td>
</tr>
<tr>
<td>
Deine Aufgabe ist es, nach besonderen Worten und Begriffen zu suchen, die wichtig sind, um die Geschichten/den Text zu verstehen.
Die Mitglieder deines Teams haben die Aufgabe, die Bedeutung der Worte zu erklären.
Bei Worten oder Begriffen, die ihr euch alle nicht erklären könnt, könnt ihr Hilfsmittel (z. B. ein Lexikon, eine Landkarte, das Internet) benutzen oder die Lehrkraft fragen.</td>
<td>
Deine Aufgabe ist es, eine Vorhersage darüber zu treffen, wie der Text/die Geschichte wohl weitergehen wird.
Die Mitglieder deines Teams beratschlagen darüber, ob sie deinen Vermutungen zustimmen können.</td>
</tr>
</table>

3 Gruppenpuzzle und Expertengruppen

Zeitfenster – Eine kooperative Filmanalyse zu einer ethischen Dilemmasituation

Medien und Materialien

- Kurzfilm *Zeitfenster*, Deutschland, 2010, 25 Minuten, zu beziehen über Medienzentralen, Mediotheken oder das katholische Filmwerk www.filmwerk.de/(http://lizenzshop.filmwerk.de/shop/detail.cfm?id=1781)
- G1: Diane, Sebastian, Sebastians Vater, Sebastians Mutter (Szenenfotos)
- G2.1: Diane – Gesetzliche Regelungen
- G2.2: Sebastian – Symptome
- G2.3: Vater – Leben mit der Krankheit
- G2.4: Mutter – Umgang mit dem Wissen
- G3.1: Gewissheit oder Ungewissheit?
- G3.2: Diane und Sebastian – zwei Namen mit symbolischem Hintergrund
- Beamer/Fernseher, Notebook oder DVD-Player, Eddings, DIN-A3-Karton und DIN-A3-Bögen blanko

Vorbereitung

Die Lehrkraft hat die für die Präsentation des Films nötigen technischen Geräte bereitgestellt bzw. aufgebaut. Die für die Arbeit der Kleingruppen notwendigen Gruppentische werden ggf. schon vor der Lernarbeit zusammengestellt. Die für die Gruppenarbeit vorbereiteten Materialien liegen bereit. Die Gruppeneinteilung sollte berücksichtigen, dass möglichst jeweils zwei Schülerinnen und zwei Schüler gemeinsam arbeiten. Die Gruppeneinteilung kann dadurch erfolgen, dass die Lehrkraft die Porträts der Szenenfotos (**G1**) verteilt und die Schülerinnen und Schüler beauftragt, sich in Vierergruppen zusammenzufinden, in der jeweils nur eine der abgebildeten Personen vorkommt.

Religionspädagogischer Kommentar

In allen Jahrgangsstufen hat es der Religionsunterricht mit der Lernarbeit an ethischen Fragestellungen zu tun und wird diese – anders als ein Ersatzfach »Werte und Normen«, »Ethik« oder »Praktische Philosophie« – mit den Schülerinnen und Schülern vor dem Hintergrund des biblisch-christlichen Menschenbildes und der damit verbundenen Wertschätzung menschlichen Lebens unabhängig von seinen Fähigkeiten und Leistungen erarbeiten. Ethische Dilemma-Geschichten sind dafür geeignete Medien, weil sie Schülerinnen und Schüler mit aktuellen ethischen und moralischen Fragestellungen konfrontieren und damit die Lernchance eröffnen, sich ethische **Urteilskompetenz** und **Handlungskompetenz** zu erarbeiten und im Gespräch mit anderen Auffassungen zu vertreten. Deshalb ist es wichtig, dass die dafür notwendige **Dialogkompetenz** bereits in der Lerngruppe erworben und eingeübt werden kann. Der Kurzfilm *Zeitfenster* erweist sich für dieses Vorhaben als ein geeignetes Medium: In knapp zwanzig Minuten wird die Geschichte von Diane erzählt, die angesichts ihrer Schwangerschaft in ein ethisches Dilemma gerät und eine Entscheidung treffen muss, bevor sich – angesichts rechtlicher Vorgaben – das Zeitfenster einer möglichen Abtreibung ihres vielleicht mit einer unheilbaren Erbkrankheit zur Welt kommenden Kindes schließt. Zwar ist ihr Freund Sebastian nur zu 50 % genetischer Träger dieser Erbkrankheit, aber Sebastians Mutter rät dazu, die Schwangerschaft vor Sebastian zu verschweigen und neigt zu einer Abtreibung. Sebastians Vater lebt in einem Heim, seit sich bei ihm die Symptome der mit Lähmungserscheinungen der Gliedmaßen und des Sprachzentrums einhergehenden, tödlich verlaufenden Krankheit Corea Huntington zeigten.[1]

Das Thema »Abtreibung« gehört bereits zu den Klassikern des inhaltsorientierten Unterrichts, wird im kompetenzorientierten Religionsunterricht aber verstärkt zu einem Sachverhalt ethischer Kompetenzbildung, die im Sinne der kohlbergschen Stufen der moralischen Entwicklung[2] auf eine kommunikati-

1 Eine differenzierte Beschreibung und Analyse des Films bietet die für das katholische Filmwerk erstellte Arbeitshilfe von Manfred Karsch: Zeitfenster. Quelle: http://www.materialserver.filmwerk.de/arbeitshilfen/AHzeitfensterA4web.pdf.

2 Lawrence Kohlberg (1996): Die Psychologie der Moralentwicklung. Frankfurt/M.; eine Einführung in die kohlbergs-

ve Ethik zielen kann, in der jede an einem ethischen Dilemma beteiligte Person in die Urteilsbildung und Entscheidungsfindung einbezogen wird. Ethisches Handeln setzt allerdings voraus, das jemand eine Situation als Dilemma wahrnimmt und daraus unterschiedliche Handlungsoptionen erschließen kann. Der Film bietet die Möglichkeit, diese **Kompetenz zur Wahrnehmung und Deutung** ethischer Dilemmata zu entwickeln und vor dem Hintergrund ethischer Kriterien und rechtlicher Rahmenbedingungen zu beurteilen. Der Film *Zeitfenster* eignet sich für ein solches Vorgehen auch deshalb, weil sich Diane auf einen solchen Dialog mit den beteiligten Personen einlässt und mit dem offenen Ende des Films noch nicht eindeutig geklärt ist, wie sie sich – eventuell zusammen mit Sebastian – entscheiden wird.

Intention und Zieltransparenz

Die hier vorgestellte kooperative Lernarbeit kann eingebettet sein in ein Unterrichtsprojekt, in dem sich Lerngruppen mit aktuellen ethischen Themen auseinandersetzen. Dabei ist es unerheblich, ob dieser Lernarbeit bereits eine intensive Beschäftigung mit Grundlagen christlicher Ethik vorausgeht und/oder die Schülerinnen und Schüler Kenntnis unterschiedlicher ethischer Begriffe und Formen (z. B. Prinzipien, Normen, Werte, Güterabwägung, Verantwortung) haben. Eine solche Begriffsbildung ist gerade im Anschluss an die Erarbeitung des Films möglich und wird durch die Arbeit an den Texten und Begriffen auf **G2.1** bis **G2.4** vorbereitet. Von daher ergibt sich die Zieltransparenz der Lernarbeit durch eine mögliche Einleitung der Lehrperson im Anschluss an eine erste Diagnose-Gesprächsrunde zu den Stichworten *Dilemma* und *Zeitfenster:*

»Plötzlich steht jemand vor einer schwierigen Frage: Was soll ich bloß tun? Was ist richtig, was ist falsch? Die Person steckt in einem Dilemma und muss in einer ihr zur Verfügung stehenden Zeit, dem Zeitfenster, zu einer Entscheidung finden, um dieses Dilemma zu lösen. Um ein solches Dilemma geht es in dem Film, mit dem ihr euch heute auseinandersetzt. Ihr werdet erarbeiten, welche Möglichkeiten es gibt, das Dilemma zu lösen und das vorhandene Zeitfenster zu nutzen.«

Kommentar zur kooperativen Lernform

»Seh'n wir heute einen Film?« – Die Präsentation von Spielfilmen und Kurzfilmen gehört zum aktuellen Medien- und Methodenrepertoire nicht nur, aber besonders des Religionsunterrichts. Das Verhalten in der Erwartung eines Films im Unterricht pendelt zwischen Spannung und Interesse einerseits, zurücklehnender Haltung als Ausdruck konsumierender (Freizeit-)Atmosphäre im Unterricht andererseits. Für die Lehrkraft sollte deshalb die notwendige **Methodenkompetenz** im Umgang mit diesem Medium im Hintergrund der Planung der Lernarbeit stehen, für sich selbst und für die Schülerinnen und Schüler. Denn: »Das Klassenzimmer ist kein Kinosaal«[3], der Film ist ein Medium des Unterrichts, das wie jedes andere Medium analysiert, bearbeitet und diskutiert wird und damit die Lernarbeit, die im Zentrum des Unterrichts steht, unterstützt. Die Zieltransparenz spricht deshalb ausdrücklich von einer Arbeit mit dem Film. Die kooperative Lernform des Gruppenpuzzle und der Expertengruppen bietet sich für ein solches Vorhaben an: Der Film steht exemplarisch für eine Vielzahl von (Kurz-)Filmen, bei denen der Wechsel in die Perspektive der an der Filmhandlung beteiligten Personen unterschiedliche »Filme im Kopf« erzeugt. Die im Gruppenpuzzle eingangs gebildeten *Stammgruppen,* in denen sich zunächst alle vier Hauptpersonen des Films in einer Gruppe zusammenfinden, sind bereits eine Form auf dem Weg einer kommunikativen ethischen Entscheidungsfindung. Die *Expertengruppen,* die sich zeitweilig aus den jeweiligen Schülern und Schülerinnen, die die gemeinsame Perspektive einer Filmperson einnehmen, zusammensetzen, machen sich anhand weiterer Info-Materialien sachkundig zu einzelnen, von der Stammgruppe für die Entscheidungsfindung zu verwendenden und zu berücksichtigenden Sachverhalten. Das Gruppenpuzzle mit Stammgruppen und Expertengruppen bildet somit eine Sonderform der Grundform des kooperativen Lernens *Think – Pair – Share.* Für die Arbeit in

che Stufentheorie findet sich unter http://de.wikipedia.org/wiki/Kohlbergs_Theorie_der_Moralentwicklung. Die Religionspädagogik wird sich allerdings künftig nicht mehr allein auf die Ergebnisse der kognitionspsychologischen Stufentheorien sowohl in der moralischen wie in der religiösen Urteilsbildung (Fritz Oser, James Fowler) verlassen können, die Kritik an diesen Theorien (Anna-Katharina Szagun) ernstnehmen und die Heterogenität der Werte und Einstellungen von Kindern und Jugendlichen für die Unterrichtsvorbereitung, der Reflexion des Lernprozesses und Kompetenzerträge als mögliche Bezugspunkte wahrnehmen, vgl. dazu Carsten Gennerich (2010): Empirische Dogmatik des Jugendalters – Werte und Einstellungen Heranwachsender als Bezugsgrößen für religionsdidaktische Reflexionen. Stuttgart.

3 Manfred Karsch/Christian Rasch (2007): Religionsunterricht mit Filmen. Göttingen, S. 5.

den Stammgruppen werden außerdem die Möglichkeiten des *Placemat* genutzt, bei dem jedes Gruppenmitglied seine Perspektive auf einem gemeinsamen »Platzdeckchen« notiert und damit einen Beitrag zum gemeinsam getragenen Ergebnis leistet, das in der Mitte des »Platzdeckchens« notiert und anschließend im Plenum vorgestellt und diskutiert wird.[4]

Verlaufsplan

- *Einstieg:* Die Lehrkraft schreibt den Begriff *Dilemma* links an die Tafel und initiiert so eine erste diagnostische Gesprächsrunde, in der die Schülerinnen und Schüler eventuell vorhandenes Vorwissen artikulieren. Nach dieser möglichen Begriffsbildung erweitert die Lehrkraft das Tafelbild, indem sie unter *Dilemma* den Begriff *Zeitfenster* schreibt. Nach Abschluss dieser einleitenden Gesprächsrunde stellt die Lehrkraft die Zieltransparenz her: Plötzlich steht jemand vor einer schwierigen Frage: Was soll ich bloß tun? Was ist richtig, was ist falsch?
- *Erschließungsphase:* Die Stammgruppen finden sich entsprechend der in den Vorbereitungen beschriebenen Methode zusammen. Jede Gruppe erhält vier Eddings, einen DIN-A3-Karton für die Mitte des Tisches und vier DIN-A4-Blätter für Notizen der Gruppenmitglieder. Die Schüler legen die Bildkarten mit der ihnen zugewiesenen Person in ihr Feld.

1. *Stammgruppenarbeit: Wer steckt da eigentlich in welchem Dilemma?*
   Die Lehrkraft erläutert die in der Filmpräsentation zu leistende Beobachtungsaufgabe: »Jeder von euch hat das Bild einer Person bekommen, die in der Dilemmageschichte eine wichtige Rolle spielt.« Sie schreibt die Namen der Personen in eine Reihe rechts neben die beiden Begriffe *Dilemma* und *Zeitfenster,* sodass später eine Tabelle mit vier Spalten und zwei Zeilen entstehen kann. »Ihr betrachtet den Film aus der Perspektive der Person, deren Bild ihr erhalten habt. In folgenden ersten Teil des Films, der fünf Minuten dauert, werdet ihr alle vier Personen kennenlernen. Ihr werdet alle sehen bis auf den älteren Mann. Von ihm wird aber gesprochen. Nach diesem Teil des Films notiert jeder, was er über seine Person erfahren hat. Anschließend stellen sich diese Personen in der Gruppe vor. Beginnt mit ›Ich bin …‹«. Anschließend findet eine Antwort auf die Frage: Wer steckt da eigentlich in welchem Dilemma?» Notiert die Antwort in der Mitte eures Plakats.« Die Lehrkraft schreibt diese beiden Sätze über die Namen an die Tafel.
   Die Lehrkraft zeigt die DVD-Kapitel 1–2 (ca. fünf Minuten). Die Stammgruppen arbeiten laut Arbeitsauftrag. Die Lehrkraft entscheidet, ob sie es an dieser Stelle für angemessen hält, zunächst eine Ergebnissicherung in Form einer Tabelle zu den einzelnen Personen vorzunehmen und die vorläufigen Antworten der Gruppen zu der Dilemma-Frage abzurufen.

2. *Stammgruppenarbeit: Wenn ich mich jetzt entscheiden müsste?*
   Die Lehrkraft führt in die Präsentation der DVD Kapitel 3–4 und die dann zu bearbeitende Fragestellung ein: »Ihr beobachtet den nächsten Filmabschnitt, der wieder ca. fünf Minuten dauert, aus der Sicht eurer Person. Anschließend notiert ihr eure Gedanken zu dem Gesehenen und ergänzt für die Person, die ihr beobachtet, den folgenden Satz: ›Wenn ich mich jetzt entscheiden müsste, dann …‹« Die Lehrkraft schreibt den Satzanfang an die Tafel unter die Tabelle.
   Die Lehrkraft präsentiert die DVD-Kapitel 3–4. Die Schülerinnen und Schüler arbeiten in ihren Stammgruppen. Anschließend können einzelne Statements der Personen gesichert werden. Die Schülerinnen und Schüler haben so die Möglichkeit, unterschiedliche Lösungsansätze wahrzunehmen.

1. *Expertenrunde: Was ich für meine Entscheidung wissen muss!*
   Die Lehrkraft nimmt die vorläufigen Entscheidungen mit Wertschätzung auf und ergänzt: »Manchmal braucht man für seine Entscheidung noch mehr Informationen. Ihr macht euch sachkundig. Dazu geht ihr in Expertengruppen und zwar so, dass alle, die die gleiche Person beobachten, in eine Gruppe gehen. Dort arbeitet ihr an einem besonderen Teilaspekt, der zur möglichen Lösung des Dilemmas beitragen kann. Anschließend stellen die Experten ihre Einsichten in der Stammgruppe vor.«
   Die Expertengruppen erhalten die in der Materialliste für ihre Gruppe ausgewiesenen Arbeitsblätter **(G2.1–G2.4):**

---

4 Zum Placematverfahren vgl. auch: Oliver Arnhold (2013), »Für mich gestorben!? – Was geht uns der Tod Jesu an?«, in: Mirjam Zimmermann, Fragen im Religionsunterricht, Göttingen, S. 120–127.

Die Lehrkraft kann die Aufgabenstellungen wie folgt variieren:
Die einzelnen Abschnitte werden zerschnitten in einem Briefumschlag angeboten, aus dem reihum jeweils ein Zettel gezogen wird. Je nach Lernstand können die Begriffe auf den Arbeitsblättern vorgegeben oder von der Expertengruppe selbst gebildet werden. Jeder Experte notiert die Begriffe auf einem Zettel.

3. *Stammgruppenarbeit: Wollen Sie jetzt die Verantwortung übernehmen?*
Die Lehrkraft fordert die Schülerinnen und Schüler auf, aus den Expertengruppen in die Stammgruppen zurückzukehren, die anderen Mitglieder über ihre weiteren Erkenntnisse zu informieren und für Nachfragen zur Verfügung zu stehen. Anschließend leitet die Lehrkraft die Präsentation der DVD-Kapitel 5–6 mit folgenden Worten ein: »Die folgenden sechs Minuten des Films begleiten Diane auf ihrem Entscheidungsweg, auf dem ihr eine wichtige Frage gestellt wird: Wollen Sie jetzt die Verantwortung übernehmen? Am Ende der Filmsequenz wird jeder für seine Person eine Antwort formulieren.«

2. *Expertenrunde: Ich warte auf dich, um mit dir eine Entscheidung zu treffen.*
Vor der Präsentation der letzten DVD-Kap. 7–8 bittet die Lehrkraft, erneut in die Expertenrunden zu gehen und die Expertengruppe über ihre Antworten zu informieren. Anschließend leitet die Lehrkraft die Präsentation des Films ein: »Wir sehen den letzten Teil des Films, der ca. 10 Minuten dauert. Am Ende des Films wird Diane wie am Anfang des Films am Fenster stehen und einen letzten Satz sagen.« Nach der Präsentation bereiten die Expertengruppen eine Fortsetzung zum letzten Satz Dianes vor: Ich warte auf dich … um mit dir eine Entscheidung zu treffen: »Wenn ich Diane wäre, dann würde ich jetzt …«

Reflexions- und Bündelungsphase

4. *Stammgruppenarbeit: Meine Entscheidung mit dir*
In der letzten Gruppenphase sitzen die Stammgruppen wieder zusammen und formulieren in ihrem gemeinsamen Placemat in der Mitte des Tisches einen möglichen Gesprächsverlauf zwischen Diane und Sebastian, den sie anschließend – als vorbereitetes Rollenspiel – im Plenum präsentieren und zur Diskussion stellen.

Möglichkeiten der Weiterarbeit

Die Ergebnisse der letzten Stammgruppenarbeit können erfahrungsgemäß unterschiedlich ausfallen. Im Plenum und in erneuten Expertenrunden können die Entscheidungskriterien der einzelnen Stammgruppen untersucht werden. In diese Expertenrunde kann auch ein Abschnitt aus einer Informationsbroschüre der Deutschen Huntington-Hilfe e. V. einfließen (Arbeitsblatt **G3.1**).

Eine Möglichkeit zur Weiterarbeit bietet sich auch über die symbolische Namensgebung der beiden Hauptpersonen Diane und Sebastian an: Diane ist der Name einer griechischen Göttin, die als Schutzgöttin der Gebärenden sowohl bei der Geburt der Kinder hilft wie auch den Tod bringen kann. Sebastian ist der Name eines christlichen Heiligen und Märtyrers, der als Christusbekenner erst beim zweiten Versuch, ihn hinzurichten, stirbt. Er galt im Mittelalter als Schutzheiliger gegen die Pest und gegenwärtig als Schutzheiliger bei AIDS (Arbeitsblatt **G3.2**).

G1 Sebastians Mutter, Sebastians Vater, Sebastian, Diane

(Szenenfotos, Rollenkarten)

Sebastians Mutter

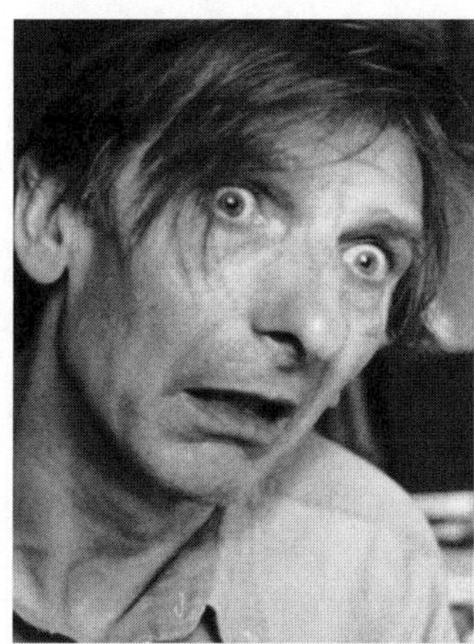

Sebastians Vater

Sebastian

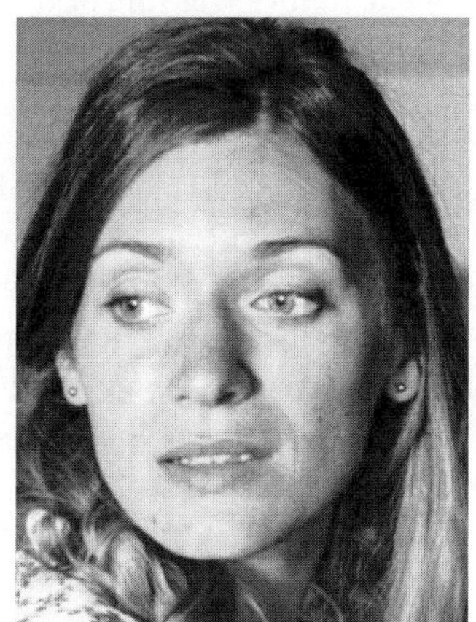

Diane

Der Verleih der DVD zur schulischen Nutzung erfolgt über Evang./Kath. Medienzentralen und Kreismedienzentren. Der Bezug ist möglich über Katholisches Filmwerk (www.filmwerk.de). Online-Zugang erhalten Lehrerinnen und Lehrer über www.medienzentralen.de

G2.1 Diane - Gesetzliche Regelungen

In einem Gespräch mit Sebastians Mutter erfährt Diane mehr über die Huntington-Krankheit (früher Chorea Huntington oder Veitstanz) und über mögliche Entscheidungsalternativen. Ein Zeitungsartikel gibt weitere Informationen. Entscheidet nach jedem Abschnitt, welcher Begriff diese Informationen zusammenfasst. Schreibt ihn an den Rand.

Mit einem Gentest kannst du zwar feststellen, ob du krank bist, aber nicht, wann die Krankheit ausbricht. In zwei oder zehn Jahren - Würdest du es wissen wollen? Ungeborene darf man sowieso nicht testen lassen. - Zumindest nicht in Deutschland. Sebastian hat ein Recht darauf, es zu wissen. - Diane, die Wahrscheinlichkeit ist fünfzig Prozent. Entweder hat es Sebastian geerbt oder nicht. Hätte sich in der Medizin was geändert, hätte ich ihm schon längst Bescheid gegeben. - Was verlangst du denn von mir? Soll ich einfach so mit ihm zusammensitzen, am Tisch sitzen und im Bett liegen und beten, dass es nicht ausbricht?
Vielleicht bricht es auch erst in zehn Jahren aus. Oder niemals. Sebastian ist glücklich, so wie er jetzt ist. Lass für ihn und für dich etwas Hoffnung. - Es geht nicht darum, dass ich es wissen will, sondern darum, dass ich es wissen muss. - Warum sagst du es ihm nicht einfach? Du musst selbst entscheiden, ob du ein Kind mit so einem Risiko annehmen kannst. Ich hatte damals diese Freiheit nicht.
Bis 1974 war Abtreibung in Deutschland nach Paragraf 218 des Strafgesetzbuchs (StGB) strafbar, seitdem sind Schwangerschaftsabbrüche unter bestimmten Bedingungen straffrei. Paragraf 218a zufolge darf eine Frau innerhalb der ersten zwölf Schwangerschaftswochen abtreiben lassen, wenn sie mindestens drei Tage vor dem Abbruch an einem Beratungsgespräch teilgenommen hat. Ziel der Beratung soll sein, die Frau zur Fortsetzung der Schwangerschaft zu ermutigen und ihr Perspektiven für ein Leben mit dem Kind aufzuzeigen.
Aber auch nach der zwölften Schwangerschaftswoche bleibt eine Abtreibung straffrei, um eine Gefahr für das Leben der Schwangeren abzuwenden oder wenn durch die Geburt eine schwerwiegende körperliche oder seelische Beeinträchtigung der Mutter zu erwarten ist. Diese medizinisch-soziale Indikation wird von Ärzten meist dann angewandt, wenn zuvor die Geburt eines schwerbehinderten oder auf Dauer nicht lebensfähigen Kindes diagnostiziert worden ist. Eine Abtreibung allein wegen einer möglichen oder sicheren Behinderung des Kindes (embryopathische Indikation) ist seit einer 1995 nach langem parlamentarischen Ringen erfolgten Neuregelung des Paragrafen 218 verboten.
Angst - Hoffnung - Unglück - Schwierigkeiten - Zukunft - Indikation - Gefühle - Schwierigkeiten - Verständnis - Abtreibung - Glück - Heilung - Strafe - Wahrheit - Risiko - Zeitfenster

G2.2 Sebastian – Symptome

Die Huntington-Krankheit (früher Chorea Huntington oder Veitstanz) ist bisher nicht heilbar. Vor knapp sechs Jahren erfuhr Heidy Moser-Welti, dass sie erkranken wird. Lest den Bericht abschnittsweise. Nach jedem Abschnitt entscheidet, welcher Begriff zu diesen Erfahrungen passt. Schreibt ihn an den Rand.

»Bis ich 25 Jahre alt war, wusste ich nicht einmal, dass es eine solche Krankheit gibt.« Dann kam der Tag, an dem alles anders wurde. Eine ferne Verwandte war beunruhigt, weil ihr Vater unter der zerstörerischen Erbkrankheit litt, und sorgte sich um die Gesundheit ihrer Tochter. Deshalb fragte sie Weltis an, für eine Analyse der Erbsubstanz Blut zu spenden. Heidy und ihre Eltern willigten ein. [...] Der Hausarzt teilte ihr und ihrem Vater mit, auch sie würden mit fast hundertprozentiger Wahrscheinlichkeit erkranken. Ihre Erbanlage auf dem vierten Chromoson sei defekt. »Der Arzt sagte mir, es sei nichts Dramatisches, ich würde bloß früher senil werden«, sagt Heidy Moser-Welti kopfschüttelnd. »Ich habe sogar meinem Freund nichts gesagt; ich dachte, es sei nicht schlimm.« Sie vergisst die Diagnose, verdrängt sie vielleicht. Zwei Jahre später heiratet sie.

Ihr Vater bemerkt ein halbes Jahr später erste Anzeichen der Chorea Huntington: Er hat Probleme mit dem Gleichgewicht. Heidy Moser-Welti ruft einen befreundeten Mediziner an, will genau wissen, was die Chorea Huntington sei. »Die schlimmste Krankheit, die man haben kann«, antwortet der nichtsahnende Freund. Die junge Frau erfährt, dass Bewegungs- und Sprachstörungen die ersten Symptome sind. Und dass die Krankheit, die meistens im Alter von dreißig bis fünfzig Jahren beginnt, die Persönlichkeit zerstört und nach zehn bis zwanzig Jahren mit dem völligen geistigen Zerfall und dem Tod endet.

Ihre Eltern und ihr Mann stehen ihr bei, doch: »Den Schmerz und die Angst musste ich selber durchleiden. Niemand nimmt sie dir ab.« Noch heute gerät sie in Panik, wenn sie eine Telefonnummer vergisst oder eine Tasse fallen lässt. Heidy Moser-Welti stürzt sich in Arbeit, um nicht dauernd an die bevorstehende Krankheit denken zu müssen. Da sie auch nachts keine Ruhe findet, beginnt sie, Schlafmittel zu nehmen – und wird süchtig. Ihr neuer Hausarzt hilft ihr beim Entzug und erzählt ihr von der Schweizerischen Huntington-Vereinigung (SHV) [...]

»Ich war damals emotional sehr unstabil.« Dachte sie an Selbstmord? »Eigentlich nicht«, lächelt sie, »den Freitod behalte ich mir als letzten möglichen Ausweg vor, wenn die Krankheit fortgeschritten ist.« [...] »Heilung ist meine große Hoffnung«, sagt die 31-Jährige, die damit rechnet, wie ihr Vater erst als Fünfzigjährige zu erkranken. Wäre die Chorea Huntington nicht gewesen, hätte die kaufmännische Angestellte vielleicht die Matura* nachgeholt und später studiert. Bei ihrer ungewissen Zukunft hätte ihr ein Studium jedoch zu lange gedauert. »Ich habe nie langfristig geplant [...]«.

Angst – Hoffnung – Freitod – Schwierigkeiten – Zukunft – Sprechen – Gefühle – Schwierigkeiten – Verständnis – andere Menschen – Pläne – Heilung – Wahrheit

* schweizerisch für »Abitur«.

G2.3 Vater – Leben mit der Krankheit

Die Huntington-Krankheit (früher Chorea Huntington oder Veitstanz) ist bisher nicht heilbar. Die erkrankte Sandra Delaney berichtet, wie sie damit lebt. Lest den Bericht abschnittsweise. Nach jedem Abschnitt entscheidet, welcher Begriff zu diesen Erfahrungen passt. Schreibt ihn an den Rand.

Ich kann mich nicht erinnern, wie Menschen ausgesehen haben, denen ich begegnet bin. Als ich einmal auf einem Spazierweg im Park hingefallen war, setzte sich eine Frau zu mir, bis ich wieder aufstehen konnte (mindestens zehn Minuten). Wir sprachen miteinander. Dann ging ich eine Toilette aufsuchen, weil ich sehen wollte, ob ich wieder gehen kann. Als ich zurückkam, sah ich mich nach der Frau um, aber ich konnte mich nicht erinnern, wie sie ausgesehen hatte.
Ich habe jegliches Gefühl für die Zeit verloren. Kaum habe ich auf meine Uhr gesehen, weiß ich auch schon nicht mehr wie spät es ist. Früher konnte ich genau abschätzen, wie lange eine Viertel- oder eine halbe Stunde dauert. Jetzt sagt mir das nichts mehr.
Wenn ich einen Satz anfange, fehlt mir oft der richtige Gedanke, um ihn zu Ende zu führen, selbst wenn ich genau weiß, worüber ich spreche. Es fällt mir schwer, etwas auszusprechen. Es gibt Zeiten, wo ich mich außerordentlich konzentrieren muss, um ein Wort herauszubringen oder es richtig zu artikulieren.
Beim Einkaufen habe ich früher im Kopf mitgerechnet, wie viel ich etwa zu bezahlen habe. Ich lag mit meiner Rechnung immer auf ein bis zwei Dollar genau. Wenn ich heute nur drei Sachen kaufe, schaffe ich es nicht einmal mehr, das zusammenzurechnen. Ich vergesse die Endsumme sofort und fange mit dem Zusammenrechnen immer wieder von vorne an.
Es gibt einige Möglichkeiten, wie ich versuche, mit den Schwierigkeiten zurechtzukommen. Um meiner Erinnerung nachzuhelfen, schreibe ich alles auf. Die Notizen lege ich an einen Platz, wo ich sie sehen muss, z. B. zu meiner Brille oder aufs Telefon. Wenn es etwas sehr Wichtiges ist, was ich keinesfalls vergessen darf, bitte ich jemanden, mich daran zu erinnern.
Aber das beste Mittel, mit Schwierigkeiten umzugehen, ist, sie den anderen mitzuteilen. Als ich merkte, dass die Menschen um mich herum nicht verstehen konnten, was ich durchlebe, habe ich diese Liste geschrieben. Ich hoffe, sie trägt zum besseren Verstehen bei.
Zeitgefühl – Erinnerungsvermögen – Verwirrung – Schwierigkeiten – Unfall – Sprechen – Koordination – Schwierigkeiten – Verständnis – Menschen – …

G2.4 Mutter - Umgang mit dem Wissen

Die Huntington-Krankheit (früher Chorea Huntington oder Veitstanz) ist bisher nicht heilbar. Sebastians Mutter und der junge Mann im Pflegeheim berichten Diane davon. Lest die Dialoge abschnittsweise. Nach jedem Abschnitt entscheidet, welcher Begriff zu den Erfahrungen passt. Schreibt ihn an den Rand.

Vielleicht solltest du über etwas Bescheid wissen. Ich hatte damals keine Ahnung. Sebastian hat seinen Vater nie richtig gekannt. Er hat uns verlassen, als er noch sehr klein war. Er war nie ein Familienmensch. - Ich weiß, Sebastian hat davon erzählt. - Hast du schon mal was vom Veitstanz gehört? Das ist eine Erbkrankheit. Sie ist unheilbar. Man stirbt daran. Heute sagt man Chorea Huntington-Krankheit. Vor sechs Jahren hat man bei seinem Vater diese Krankheit diagnostiziert. Seitdem lebt er in einem Pflegeheim. Ich hab's Sebastian bis jetzt noch nicht gesagt. Er könnte es vielleicht auch haben. Bitte, Diana, sag es ihm nicht.
Hallo, Julian. - Diane. - Ich hab dich hier noch nie gesehen. Ziehst du bei uns ein? Deine Eltern, Geschwister. Dein Freund? Hat er sich schon testen lassen? - Nein. - [Julian gibt Diane eine Münze in die Hand.] Kopf oder Zahl. Pass gut auf ihn auf.
Mit einem Gentest kannst du zwar feststellen, ob du krank bist, aber nicht, wann die Krankheit ausbricht. In zwei oder zehn Jahren - Würdest du es wissen wollen? Ungeborene darf man sowieso nicht testen lassen. - Zumindest nicht in Deutschland. Sebastian hat ein Recht darauf, es zu wissen. - Diane, die Wahrscheinlichkeit ist fünfzig Prozent. Entweder hat es Sebastian geerbt oder nicht. Hätte sich in der Medizin was geändert, hätte ich ihm schon längst Bescheid gegeben. - Was verlangst du denn von mir? Soll ich einfach so mit ihm zusammen sitzen, am Tisch sitzen und im Bett liegen und beten, dass es nicht ausbricht? - Vielleicht bricht es auch erst in zehn Jahren aus. Oder niemals. Sebastian ist glücklich, so wie er jetzt ist. Lass für ihn und für dich etwas Hoffnung. - Es geht nicht darum, dass ich es wissen will, sondern darum, dass ich es wissen muss. - Warum sagst du es ihm nicht einfach. Du musst selbst entscheiden, ob du ein Kind mit so einem Risiko annehmen kannst? Ich hatte damals diese Freiheit nicht.
Wahrheit - Freiheit - Risiko - Geheimnis - Sprechen - Achtsamkeit - Schwierigkeiten - Verständnis - Menschen - Pflegebedürftigkeit - Glück - Angst - Untersuchung - Hoffnung

G3.1 Gewissheit oder Ungewissheit?

Wir leben im Zeitalter der Informationsfülle.
Wissen gilt als gleichbedeutend mit Stärke.
Aber bedeutet Nicht-Wissen-Wollen deshalb Schwäche?

Es gibt Menschen mit einem starken Verlangen nach Gewissheit und andere mit einer großen Toleranz gegenüber Ungewissheit. Viele Risikopersonen haben jahrelang mit dieser Ungewissheit gelebt, eine Ausbildung gemacht, Lebenserfahrung und Kraft gesammelt und sich finanziell abgesichert. Die prädiktive* molekulargenetische Diagnostik beendet diese Ungewissheit. Ein positives Ergebnis kann eine Herausforderung sein. Die Zweifel um ihren Gen-Status gibt es nicht mehr, aber sie werden durch andere Fragen ersetzt.
Christiane Lohkamp, Deutsche Huntington-Hilfe, www.huntington-hilfe.de

* prädikativ = vorhersagend

G3.2 Diane und Sebastian - zwei Namen mit symbolischen Hintergrund

Manchmal tragen Namen besondere Bedeutung. So ist das auch mit Diane und Sebastian. Die Filmemacher haben ihren Hauptpersonen besondere Namen gegeben, um den Zuschauerinnen und Zuschauern eine verschlüsselte Botschaft zu überbringen:

Diane:
In der Götterwelt der alten Griechen hatte jeder Gott und jede Göttin eine besondere Aufgabe. Die Göttin Diane wurde als Beschützerin und Helferin der Frauen und Mädchen bei der Geburt verehrt. Manchmal wird ihr Name auch mit dem Gott (Di)Janus in Verbindung gebracht: Janus ist ein Gott mit zwei Gesichtern, eines, das es gut, ein zweites, das es böse mit einem Menschen meint. Manchmal war nach dem Glauben der Griechen deshalb die Göttin Diana nicht die Helferin und Beschützerin bei der Geburt, sondern sie brachte auch den Tod, für die Mutter und für das Kind.

Sebastian:
Es gibt einen Mann mit diesem Namen, von dem eine Legende aus der frühen Christenheit erzählt: Sebastian war Soldat der königlichen Garde. Als der römische Kaiser Diokletian erfuhr, dass er sich für gefangene Christen einsetzte und öffentlich zum christlichen Glauben bekannte, wurde Sebastian zum Tode verurteilt und sollte durch einen Bogenschützen getötet werden. Doch Sebastian überlebte diese Hinrichtung und wurde von einer Christin mit Namen Irene (griechisch *eirene* = Frieden) gesund gepflegt. Nach seiner Genesung bekannte er sich wieder öffentlich zum christlichen Glauben. Diesmal wurde er zum Tod in der Zirkusarena verurteilt, er wurde erschlagen und sein Leichnam in einen Abwasserkanal geworfen.

4 Strukturierte Kontroverse

»Massenmörder sollen mit der Todesstrafe bestraft werden!« – Kooperative Lernarbeit mit der Methode der »Strukturierten Kontroverse«

Medien und Materialien

- H1: Anders Behring Breivik – Das Massaker in Utøya
- H2: Anforderung: Todesstrafe
- H3: Visualisierung: »Strukturierte Kontroverse«
- OHP oder Beamer
- Signalinstrument (Triangel, Klangschale o. ä.)

Vorbereitung

Die Einstiegsfolie wird mit dem OHP/Beamer an die Wand geworfen. Sie soll Anlass dafür bieten, dass die Schülerinnen und Schüler über das Internet weitere Informationen zum Fall Breivik sammeln und diese dann im Unterricht vorstellen. Daran anschließend wird die Lerngruppe mit der Aussage auf der Anforderungsfolie konfrontiert, mit der sie sich im Folgenden mithilfe der kooperativen Arbeitsform der Strukturierten Kontroverse auseinandersetzen soll. Je nach Lerngruppe können als vorbereitende Hausaufgabe bereits Argumente für bzw. gegen die Todesstrafe von den Lernenden gesammelt worden sein.

Religionspädagogischer Kommentar

Bei der Todesstrafe handelt es sich um eine der ältesten Strafformen der Menschheitsgeschichte. In etwa einem Drittel aller Staaten weltweit wird die Todesstrafe weiterhin als Sanktion für (vermeintlich) schuldhaftes Handeln oder Unterlassen eingesetzt. In der Bundesrepublik Deutschland erfolgte die Abschaffung der Todesstrafe 1949 nach den Erfahrungen während der Zeit des Nationalsozialismus durch Artikel 102 des Grundgesetzes.

Sehr oft wird bei der Diskussion um die Todesstrafe die Bibel als Argumentationshilfe herangezogen. Das Talionsprinzip: »Auge um Auge, Zahn um Zahn« (2. Mose 10,34), das oft falsch als Aufforderung, Gleiches mit Gleichem zu vergelten, verstanden wird, hatte zu seiner Entstehungszeit die Funktion der Begrenzung des Strafens angesichts einer überproportional zunehmenden Ausweitung des Blutracheprinzips. Die Vergehen, die im Alten Testament mit der Todesstrafe belegt sind, sind vielfältig und nicht auf Mord begrenzt: So sollen etwa die Missachtung der Eltern, Homosexualität, Ehebruch, Prostitution oder Zauberei ebenso mit dem Tod bestraft werden wie Gotteslästerung, die Entheiligung des Sabbats oder Götzendienst und vieles mehr. Dies verdeutlicht, dass die Bibeltexte nicht wortwörtlich in die heutige Zeit übertragen und isoliert als Legitimation für die Todesstrafe herangezogen werden können. Zu berücksichtigen sind vielmehr der Entstehungshintergrund und die Aussageabsichten der Verfasser. Zu konfrontieren wären derartige Bibeltexte auch immer mit entsprechenden Gegentexten der Bibel, so etwa im Alten Testament mit Stellen wie: »Wer Menschenblut vergießt, deren Blut soll durch Menschen vergossen werden. Denn als Bild Gottes sind die Menschen gemacht.« (Gen. 9,6), »Du sollst nicht töten« (Ex. 20,13; Dtn. 5,17) oder der Geschichte von Kain und Abel (Gen. 4, 1–16) und dem Kainsmal (Gen. 4,15). Auch Texte aus dem Neuen Testament wie etwa die Geschichte von Jesus und der Ehebrecherin (Jh. 7,53–8,11) oder die Ethik des Gewaltverzichts und der Feindesliebe in der Bergpredigt ließen sich als Gegentexte heranziehen.

Die Diskussion um die Todesstrafe wird in regelmäßigen Abständen immer dann vehement geführt, wenn spektakuläre Gewaltverbrechen geschehen. Befürworterinnen und Befürworter berufen sich u. a. auf die abschreckende Wirkung der Todesstrafe, die allerdings statistisch nicht belegt ist, sowie den Schutz der Gesellschaft, da Wiederholungsdelikte ausgeschlossen sind. Gegnerinnen und Gegner pochen beispielsweise auf das fünfte Gebot, die Menschenrechte, die Unwiderruflichkeit bei Justizirrtümern sowie die Möglichkeit der Besserung und Resozialisierung. Auch mithilfe der Bibel können Argumente für und gegen die Todesstrafe in die Diskussion eingebracht werden (s. o.).

Als **Anforderungssituation** wird das Beispiel des norwegischen Attentäters und Massenmörders Anders Behring Breivik herangezogen. Der Rechtsradikale Breivik beging am 22. Juli 2011 in Oslo und auf der Insel Utøya Anschläge, bei denen er 77 Menschen ermordete. Im Gerichtsverfahren zeigte Breivik keine Reue. Er wurde am 24. August 2012 vom Osloer Amtsgericht zu 21 Jahren Haft mit anschließender Sicherungsverwahrung verurteilt. Um beurteilen zu können, ob im Fall Breiviks auch die Todesstrafe eine angemessene Strafform sein könnte, ist es nötig, entsprechende Informationen zusammenzustellen und diese zu analysieren. Neben der Sachkompetenz im konkreten Fall ist es aber auch nötig, allgemein Pro- und Contra-Argumente für bzw. gegen die Todesstrafe abzuwägen, eine eigene Entscheidung zu treffen und diese auch argumentativ darlegen zu können. Somit wird den Schülerinnen und Schülern durch das konkrete Beispiel sowohl eine ethische **Urteils**- als auch **Dialogkompetenz** abverlangt.

Intention und Zieltransparenz

Die Lernarbeit zielt darauf ab, mithilfe der Strukturierten Kontroverse für die ethische Dilemmasituation Todesstrafe Pro- und Contra-Argumente abzuwägen. Die Schülerinnen und Schüler sammeln möglichst viele Pro- und Contra-Argumente und untersuchen diese auf ihre Wesentlichkeit, Probleme und Widersprüche. Dabei werden die Grundgedanken zur Befürwortung und Ablehnung der Todesstrafe erarbeitet und abgewogen, um zu einem eigenen begründeten Urteil zu kommen.

Kommentar zur kooperativen Lernform

»Bei der Strukturierten Kontroverse geht es darum, bei einer Streitfrage nicht direkt die eigene Meinung zu vertreten, sondern unvoreingenommen nacheinander die beiden gegensätzlichen Standpunkte einzunehmen und so im Perspektivwechsel Argumente für beiden Seiten kennenzulernen. Erst dann erfolgt eine diskursive Auseinandersetzung. Auf dieser Basis können sie dann ein ausgewogenes und begründetes Urteil fällen. […] In methodischer Hinsicht ist die Strukturierte Kontroverse eine Vorschule zur Kunst der Debatte, bei der das bewegliche Denken, das Einnehmen verschiedener Sichtweisen und Standpunkte die zentrale Kompetenz ist, wenn es nicht nur darum gehen soll, Meinungen gegenüberzustellen. Aus didaktischer Sicht weist die Strukturierte Kontroverse gegenüber anderen Diskussionsmethoden den Vorteil auf, dass sich alle Schülerinnen und Schüler in einen aktivierenden Prozess der kognitiven Durchdringung begeben und einen Perspektivwechsel vornehmen.«[1]

Dabei werden zusätzlich folgende sozialen Fähigkeiten in der Lerngruppe befördert:

- »aktives Zuhören und Ausredenlassen,
- sein Urteil zurückhalten,
- die Ideen von anderen aufnehmen und weiterführen,
- auf eine angemessene Weise widersprechen,
- nicht nach Selbstbestätigung, sondern nach dem besten Argument suchen«.[2]

Verlaufsplan

Die Lehrkraft teilt die Lerngruppe entweder nach Neigung oder Zufall (Abzählen, Spielkarten) in Kleingruppen zu je vier Schülerinnen und Schülern ein.

Die Strukturierte Kontroverse erfolgt anschließend in fünf Phasen, in denen nach dem Prinzip *Think – Pair – Share* gearbeitet wird (vgl. Visualisierungsfolie **H3:** Methode »Strukturierte Kontroverse«). Nach der Präsentation der Einstiegsfolie **H1** werden in der ersten Phase die Argumentationen, die durch die Anforderungsfolie **H2** zunächst in Einzel-, dann in Partnerarbeit vorbereitet, dann in einer zweiten Phase einer anderen Zweiergruppe vorgestellt. In der dritten Phase erfolgt ein Rollentausch, bei dem die Argumentationspositionen getauscht werden müssen. Wieder erfolgt wie in Phase 1 und 2 die Erarbeitung einer Argumentation. Nach der Vorstellung der Ergebnisse in einer neuen Vierergruppe darf frei über die Streitfrage diskutiert werden. Die Ergebnisse dieser Diskussion werden gruppenweise der gesamten Lerngruppe vorgestellt und die wesentlichen Resultate gesichert, sodass die erworbenen Kompetenzen überprüft werden können. In der letzten Phase erfolgt eine Methodenreflexion im Plenum, bei der neben den Erfahrungen mit der Methode und der Frage nach ihrem Sinn auch der Kompetenzzugewinn thematisiert wird.

Möglichkeiten der Weiterarbeit

- In welchen Ländern wird heute noch die Todesstrafe verhängt? – Fakten und aktuelle Beispiele:
  http://www.bpb.de/internationales/weltweit/menschenrechte/38799/todesstrafe
  http://www.bpb.de/internationales/weltweit/menschenrechte/158025/hinrichtungen
  http://www.todesstrafe.de/
- Was tut die Menschenrechtsorganisation »Amnesty International« für die weltweite Ächtung der Todesstrafe?
  http://www.amnesty-bildung.de/Main/

1 Brüning/Saum (2009): Erfolgreich unterrichten 2, S. 29.

2 Ebd., S. 27.

Materialien-MaterialienZumDownload?action=download&upname=reader_wenn-der-staat-toetet_argumente.pdf
http://www.eduhi.at/dl/schulunterlagen_zurTodesstrafe_neu100001.pdf
http://www.amnesty-muenchen-mrb.de/Main/Unterrichtseinheit7

- Was leistet die Bibel als Argumentationshilfe für die Frage pro und contra Todesstrafe?
http://www.todesstrafe-texas.de/Page45.html/
- Die Frage nach Schuld und Vergebung im Christentum anhand des Films *Dead Man Walking*. Dead man walking. Sein letzter Gang, Schuld und Vergebung, Horizonte Materialheft 10, Institut für Religionspädagogik, Freiburg 1997
http://shop.irp-freiburg.de/horizonte-dead-man-walking.html
- Empfehlenswerte Bücher zum Thema Todesstrafe
http://www.todesstrafe-texas.de/Page14a.html/

H1 Anders Behring Breivik – Das Massaker in Utøya

Breivik berichtet stolz von seinen Attentaten

Oslo (dpa) – Voller Verachtung für seine Opfer hat der norwegische Massenmörder Anders Behring Breivik seine Verteidigungsrede vor dem Gericht in Oslo begonnen. Stolz prahlte er mit seinen Attentaten, bei denen im vergangenen Sommer 77 Menschen in Oslo und einem Jugendcamp auf der Insel Utøya umkamen. »Ja, ich würde das wieder machen«, sagte der rechtsradikale Islamhasser in seinen Ausführungen am Dienstag, in denen er sich auch auf die Zwickauer Terrorzelle NSU in Deutschland bezog.

In seinen Ausführungen vor dem Gericht in Oslo im April 2012 begründete er das Massaker damit, dass es in Europa seit dem Zweiten Weltkrieg keine wahre Demokratie mehr gegeben habe. Das Volk sei beschwindelt worden. Da eine friedliche Revolution nicht möglich sei, sei Gewalt die einzige Möglichkeit. Seine Attentate würde er wiederholen, sagte er mit ruhiger Stimme.

H2 Anforderung: Todesstrafe

Massenmörder

sollen

mit der

Todesstrafe

bestraft werden!

H3 Visualisierung: Strukturierte Kontroverse

Phase 1:

1. Alle sammeln in Einzelarbeit Argumente für die Position, der sie zugeteilt sind.

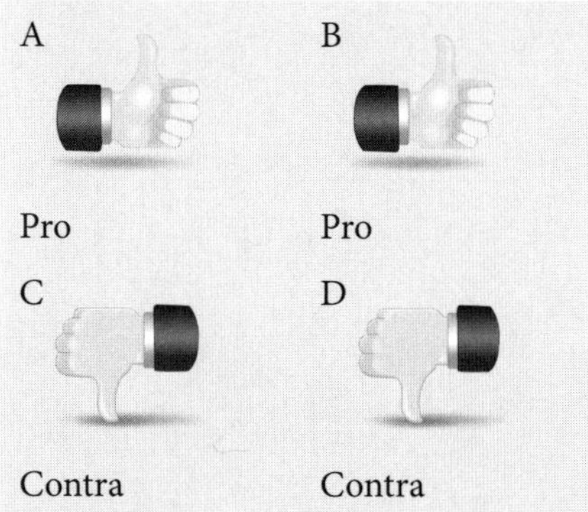

2. Je zwei Partner/Partnerinnen, die dieselbe Position vertreten, stellen einander ihre Argumente vor und erarbeiten eine gemeinsame Argumentation.

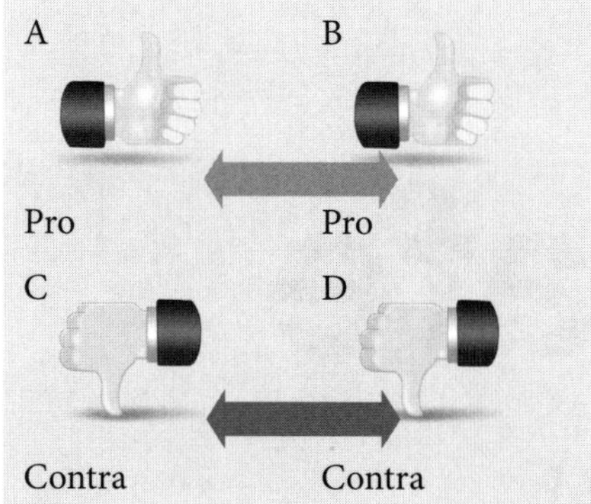

Phase 2:

3. Person A stellt dem Contra-Paar die Pro-Argumente vor.

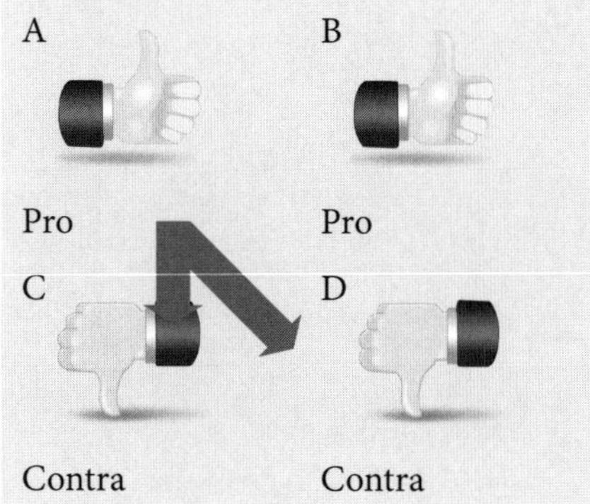

Phase 3:

4. Person D stellt dem Pro-Paar die Contra-Argumente vor.

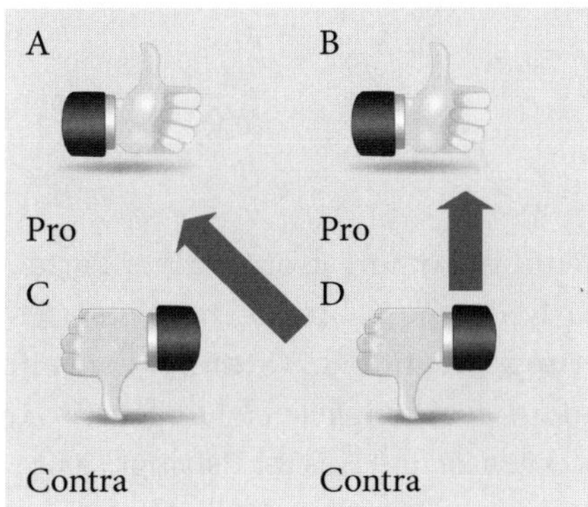

5. Wechsel der Position: Die Teilgruppen wechseln die inhaltliche Position. Wer zuvor Pro war, ist jetzt Contra und umgekehrt.

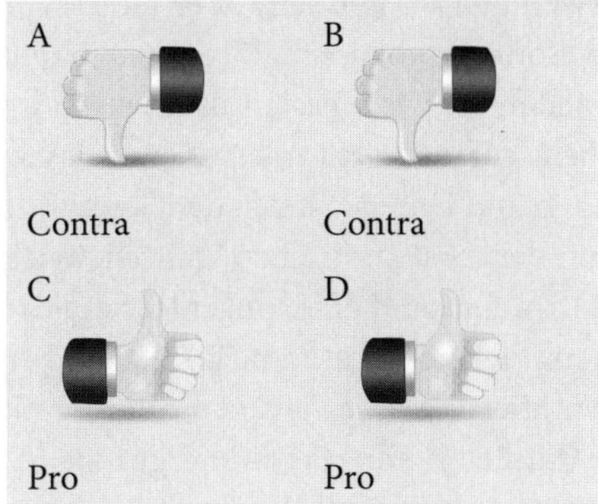

6. In Einzelarbeit werden wieder, diesmal für die neue Position, Argumente gesammelt.
7. Paare mit inhaltsgleicher Position stellen einander erneut in Partnerarbeit ihre Argumente vor und erarbeiten eine überzeugende Argumentation.
8. Wechsel der Tischgruppen: Die Pro-Paare bleiben sitzen, die Contra-Paare gehen im Uhrzeigersinn einen Tisch weiter.
9. Präsentation: Die Partner, die noch nicht vorgestellt haben, also B und C, stellen die Argumentation dem jeweils anderen Paar vor.

Phase 4:

10. Zunächst stellt jedes Gruppenmitglied die persönliche Position vor, ohne von den anderen unterbrochen zu werden. Anschließend wird in der Vierergruppe frei über das Problem diskutiert. Die Ergebnisse werden im Anschluss der Lerngruppe vorgestellt und gesichert.

Phase 5:

11. Erfahrungen mit der Methode werden im Plenum ausgetauscht, ihr Sinn und Zweck wird reflektiert.

5 Gruppenturnier

Synagoge – Kirche – Moschee – Ein Gruppenturnier zur Sicherung des Grundwissens zu den abrahamitischen Weltreligionen

Medien und Materialien

- I1: Stamm-Gruppenkarten
  Pro Schüler/Schülerin eine Karte, farbig gekennzeichnet und mit einer Zahl von 0–3 versehen. Auf den Karten stehen bereits die Rollen für die Turniergruppen: 1 = Fragensteller(in), 2 = Antwortgeber(in), 3 = Protokollführer(in), 4 = Zeitwächter(in)
- I2.1– I2.3: Aufgabenkarten
  Je ein Satz (= 8 Aufgabenkarten) pro Stammgruppe (Bild und Text = Vorder- und Rückseite, ggf. laminiert)
- Pro Stammgruppe ein Stoffbeutel oder ein kleines Kästchen zur Aufbewahrung der Aufgabenkarten
- Schreibmaterial zur Ergebnissicherung

Vorbereitung

Die Lehrkraft hat die Stamm-Gruppenkarten für die Gruppenbildung vorbereitet. Je ein Satz Aufgabenkarten pro Stammgruppe wird in einem Stoffbeutel/Kästchen pro Gruppe bereitgestellt. Bezogen auf die vorangegangene Lernarbeit hat die Lehrkraft eine Auswahl aus den Aufgabenkarten getroffen oder neue Aufgabenkarten ergänzt. Die Anzahl der Aufgabenkarten sollte durch vier teilbar sein.

Religionspädagogischer Kommentar

Einführungen in das Judentum und den Islam gehören bereits bei inhalts- und stofforientierten Lehrplänen zu den Standards, auch bereits in der Grundschule. Beschreibungen von Unterrichtsprojekten, »Lernstraßen« und mediale Zugänge durch Kurz- und Lehrfilme sowie Medienkoffer mit ausgewählten Kultgegenständen der Religionen finden sich in jeder gut sortierten religionspädagogischen Mediothek oder Medienzentrale. Gegenwärtig kommen auch Unterrichtsvorhaben zum Einsatz, die ein dialogisches Kennenlernen aller drei abrahamitischen Weltreligionen bereits in die Lernarbeit integrieren, das Kennenlernen des Christentums kommt also als dritter Partner im »Trialog der Religionen« hinzu. Dies entspricht einer **Anforderungssituation** im (Schul-)Alltag und Klassenverband, in dem religiöse Heterogenität zur Normalität geworden ist und Auskunftsfähigkeit über die eigene Religion notwendig wird. Gleichzeitig verblasst aber das Wissen über die eigene wie die Religion der anderen. Grundwissen über die Ursprungssituationen der jeweiligen Religionen, über Gottesvorstellungen und Gottesglauben, religiöse Formen und Handlungen, Bedeutung von Festen und Feiern im Jahres- und Lebenslauf und nicht zuletzt Kenntnis von Gemeinsamkeiten und Unterschieden der Gestaltung der Gotteshäuser der abrahamitischen Weltreligionen gehören zum Grundbestand einer auf **interreligiöse Dialogkompetenz** zielenden Lernarbeit. Darin stehen neben der Formulierung eines eigenen Standpunktes und ersten Ansätzen einer Verständigung auch eine interessierte und respektvolle Begegnung mit den Vorstellungen von Gott, den Lebensregeln und den Ausdrucksformen der Religionen im Erwartungshorizont. Grundlage einer solchen interreligiösen Kompetenz ist ein Sachwissen, das **Wahrnehmungs-, Deutungs- und Urteilskompetenz** einschließt.

Das in diesem Abschnitt vorgestellte Lernarrangement zur Überprüfung des Kompetenzgewinns setzt eine Lernarbeit als Angebot zum Erwerb solchen Sachwissen zu den abrahamitischen Weltreligionen voraus. Die auf den Aufgabenkarten dargestellten Symbole und Gegenstände der Religionen erheben keinen Anspruch auf Vollständigkeit, sondern sind exemplarisch und müssen im Hinblick auf ein konkretes Unterrichtsprojekt ersetzt oder ergänzt werden. Außerdem sollte die auf der Rückseite der Karte befindliche Beschreibung dem Lernstand der Gruppe angepasst sein.

Intention und Zieltransparenz

Das im Folgenden dargestellte Gruppenturnier soll von den Schülerinnen und Schülern als Möglichkeit wahrgenommen werden, die eigenen, in der Lernarbeit erworbenen Kenntnisse und Fähigkeiten zu überprüfen. Gleichzeitig soll deutlich werden, dass es in der folgenden Aufgabe nicht um eine zu benotende Leistungsüberprüfung gehen soll, in der ggf. nur »träges Wissen« rekapituliert wird, sondern das nun erworbene Wissen die Basis bildet für einen »Trialog der Religionen«, zu dem in einem weiteren Schritt z. B. Expertinnen und Experten oder – wenn möglich – authentische Vertreterinnen und Vertreter der Religionen/Konfessionen eingeladen oder besucht werden. Die Formulierung einer Zieltransparenz könnte z. B. folgendermaßen aussehen:

Ihr habt euch in unserem Unterrichtsprojekt mit den drei Weltreligionen Judentum, Christentum und Islam beschäftigt. In der kommenden Woche werden wir Vertreter und Vertreterinnen der Religionen zu Gast haben. Diese Begegnungen werden wir heute vorbereiten. Dazu könnt ihr heute eure Kenntnisse und das, was ihr zu den Religionen verstanden habt, zusammenstellen und überprüfen.

Kommentar zur kooperativen Lernform

Die Darstellung der Vorbereitung und Durchführung des Gruppenturniers erfolgt im Verlaufsplan. Für dessen erfolgreiche Planung durch die Lehrkraft ist zu bedenken:

- Überprüfung von Wissen[1] führt auch in gut funktionierenden Lerngruppen in eine Stresssituation für die einzelnen Schülerinnen und Schüler. Das Gruppenturnier baut solchen Stress nicht vollständig ab, verwandelt ihn aber in spielerische Energie und reduziert ihn dadurch, dass eine Lerngruppe nur dann erfolgreich sein kann, wenn alle Mitglieder möglichst gut vorbereitet sind; auch dadurch, dass alle wissen, welches Wissen tatsächlich erwartet wird. Die *Aufgabenkarten* **(I2.1–I2.3)** stellen deshalb alle Informationen zur Verfügung, die für eine erfolgreiche Teilnahme aller am Gruppenturnier notwendig sind. Für die exakte Bereitstellung dieses Materials, die passgenau an die vorangegangene Lernarbeit anschließt, trägt die Lehrkraft die Verantwortung.
- Für die Vorbereitung des Gruppenturniers greifen die für die kooperativen Lernformen grundlegenden Schritte *Think, Pair* und *Share (Einstieg)*. Die Vorbereitung ist als Wiederholung des in der vorangegangenen Lernarbeit erworbenen Wissens konzipiert und übt Fähigkeiten ein, die neben der Fachlichkeit in einem Themengebiet auch soziale und personale Kompetenz erfordern: »Unsere Gruppe ist erfolgreich, wenn jedes einzelne Mitglied unserer Gruppe erfolgreich ist.« Die Lehrkraft sollte deshalb entscheiden, ob sie eine zufällige Zusammensetzung der Stammgruppen zu je vier Personen zulässt oder eine Zusammensetzung mit heterogener Zusammensetzung (Leistungsstand, Kooperationsfähigkeit, Lesekompetenz, Geschlecht usw.) vorgibt.
- Das eigentliche Gruppenturnier *(Erschließungsphase)* erfolgt in dann neu zusammengesetzten Vierergruppen und erfordert von den Schülerinnen und Schülern ein Höchstmaß an Disziplin bei der Beachtung der Vergabe der ständig wechselnden Rollen (Leiter, Kandidatin, Protokollführerin, Zeitwächter) entsprechend den Rollenkarten **(I1)**.
- Die Auswertung des Gruppenturniers *(Reflexions- und Bündelungsphase)* erfolgt nicht nur unter der Fragestellung »Wer hat gewonnen? Wer hat verloren?«, sondern reflektiert den gesamten Prozess im Hinblick auf die in der Zieltransparenz angekündigte Befragung authentischer Personen der jeweiligen Religionen: »Welche Fragen möchten wir den Expertinnen und Experten stellen, deren Antwort unser bisheriges Wissen zu den jeweiligen Religionen vertieft oder darüber hinausgeht?« Die Auswertung initiiert eine mögliche weitere Lernarbeit. Dadurch kann deutlich werden, dass es sich bei dem im Religionsunterricht erworbenen Wissen weniger um Verfügungswissen als vielmehr um ein Orientierungswissen handelt.

Verlaufsplan

Die Lehrkraft teilt die Lerngruppe in Kleingruppen zu je vier Schülerinnen und Schülern ein: entweder nach Zufall oder Neigung oder nach ausgewählten Kriterien (z. B. Leistungsheterogenität, religiöse Beheimatung). Dazu erhält jeder Schüler/jede Schülerin eine Karte, die mit einer Farbe (je nach Klassenstärke 6–8 verschiedene) und einer Zahl (0–3) gekennzeichnet ist. Die Gruppen bilden sich zunächst nach Farben. Anschließend stellt die Lehrkraft Zieltransparenz her: *Die Begegnungen mit Vertretern der drei Religionen Christentum, Judentum und Islam werden wir heute vorbereiten.*

Einstieg

Entsprechend einem Arbeitsauftrag der Lehrperson legen die Stammgruppen ihre Aufgabenkarten mit dem Bild nach oben auf ihre Gruppentische. Jedes Gruppenmitglied arbeitet zunächst in Einzelarbeit *(Think)*, indem es durch Aufnehmen der Karten das auf der Rückseite stehende Fachwissen memoriert.

1 Zur Leistungsbewertung beim kooperativen Lernen vgl. Brüning/Saum (2009): Erfolgreich unterrichten 2, S. 122 ff.

In einer zweiten Vorbereitungsphase *(Pair)* fragen sich Partnerinnen und Partner gegenseitig ab, in der dritten Vorbereitungsphase *(Share)* kann ein Probedurchlauf des Turniers mit einigen ausgewählten Karten innerhalb der Stammgruppe erfolgen. Dazu erläutert die Lehrkraft die Spielregeln des Gruppenturniers wie in der Erschließungsphase beschrieben.

Die Lehrkraft legt die Zeit für diese Vorbereitungsphase fest. Sie sollte nicht zu kurz, aber auch nicht zu lang sein, um den Wettkampfcharakter zu erhalten.

Erschließungsphase

Die Turniergruppen werden gebildet: Dazu rücken Schülerinnen und Schüler je nach ihrer Zahl auf den Farbkarten ein, zwei oder drei Tische im Uhrzeigersinn weiter, der Schüler/die Schülerin mit der Null bleibt sitzen. Anschließend wird das Gruppenturnier nach folgenden Regeln durchgeführt:

- Die Leiterin (1) nimmt eine Karte aus dem Beutel/Kästchen und legt sie mit dem Bild nach oben auf den Tisch. Der Kandidat (2) erläutert das Bild entsprechend dem memorierten Wissen, 1 überprüft den Vortrag durch Vorlesen des Textes auf der Rückseite, der Protokollführer (3) entscheidet, ob die Aufgabe erfüllt ist und trägt ggf. einen Punkt in einen Ergebnisbogen ein, die Zeitwächterin (4) stoppt die Zeit für den Vortrag des Kandidaten.
- Die Rollenkarten werden im Uhrzeigersinn in der Turniergruppe weitergegeben und damit die Rollen für die nächste Aufgabenrunde neu verteilt.

Reflexions- und Bündelungsphase

Die Schülerinnen und Schüler kehren in ihre Stammgruppen zurück, die Punktergebnisse werden in eine gemeinsame Liste zusammengetragen, gezählt und im Plenum bekanntgegeben.

Möglichkeiten der Weiterarbeit

Die Stammgruppen erhalten den Auftrag, die Aufgabenkarten nach Religionen und Konfessionen zu sortieren. Anschließend formulieren sie auf Karteikarten für jede Religion/Konfession mögliche vertiefende oder weiterführende Fragen für das angekündigte Treffen mit den Expertinnen und Experten. Die Fragen werden im Plenum gesichtet, Doppelungen zusammengelegt und nach Religion/Konfession sortiert. Werden arbeitsteilige Besuchsgruppen gebildet, teilen die Gruppen die Fragen unter sich und ergänzen ggf. zusätzliche Fragen.

Ein weiterer Impuls kann die »Joker-Karte« zu Abraham sein, die noch einmal in alle Gruppen gegeben oder im Plenum gezeigt wird und einen neuen Dialog eröffnet: Abraham – der Vater aller drei Religionen?

Von Abraham und seiner Familie erzählt das Alte Testament und der Koran (dort heißt er Ibrahim). Für die drei Religionen Judentum, Christentum und Islam ist er ein gemeinsamer Stammvater des Glaubens *(Abrahamitische Weltreligionen)*, der Islam bezeichnet ihn als Propheten und Begründer des Kults an der Kaaba in Mekka.

Jerusalem ist ein besonderer Ort für alle drei Religionen: Hier soll Abraham versucht haben, seinen Sohn *Isaak* (im Islam *Ismael*) zu opfern; hier wurde Jesus gekreuzigt, hier beginnt der Glaube an seine Auferstehung.

I1 Rollenkarten für das Gruppenturnier

12.1 Aufgabenkarten Christentum

	Die **Kirche** ist der wichtigste Versammlungsraum der Christinnen und Christen. Hier feiern sie **Gottesdienst** (ev.)/**Messe** (kath.): Singen und Beten, Lesungen aus der Bibel, eine Predigt und die Feier des Abendmahls/Eucharistie sind feste Bestandteile eines christlichen Gottesdienstes. Wichtige **Gegenstände** in einer Kirche sind: Altar/Abendmahlstisch, Kanzel, Taufstein. Besondere Einrichtungen in einer kath. Kirche sind: Weihwasserbecken, ewiges Licht, Tabernakel, Beichtstuhl, Marienaltar.		In der ev.Kirche gibt es **Pfarrer** und **Pfarrerinnen,** die den Gottesdienst halten und die Gemeinde zusammen mit einem Gremium (Presbyterium/Kirchenvorstand) leiten. In der katholischen Kirche gibt es nur Pfarrer/**Priester,** die nicht verheiratet sind **(Zölibat).** Die **Aufgaben der Pfarrer/Priester** sind vielfältig: Gottesdienst, Predigt, Taufen, Trauungen, Beerdigungen, Religionsunterricht in der Gemeinde oder Schule, Seelsorge, Unterstützung von Gruppen in der Gemeinde u. a.
	Christen feiern das **Heilige Abendmahl** (ev.)/**Eucharistie** (kath.). Das erinnert an die letzte Mahlzeit, die Jesus mit seinen Jüngern eingenommen hat, bevor er gekreuzigt wurde. Für alle Christen ist es ein **Sakrament,** weil es von Jesus eingesetzt worden ist. Es gibt unterschiedliche Auffassungen: Für manche (ev.) sind Brot und Kelch mit Wein/Traubensaft Zeichen für Leib und Blut Jesu, für andere (kath.) ist Jesus in Brot und Wein gegenwärtig. Deshalb gibt es keine Abendmahlsgemeinschaft zwischen ev. und kath. Christen.		Das **Kreuz** ist das Symbol des Christentums. Es erinnert an Jesus von Nazareth. Für die Christen hat das Kreuz eine besondere Bedeutung: Jesus lebte in Israel und hat verkündet, dass das Gottes Reich mit ihm anfangen wird. Aber Jesus wurde der Gotteslästerung angeklagt und am Kreuz getötet. Christen glauben, dass Gott ihn von den Toten auferweckt und dem Tod die Macht genommen hat. Deshalb wird Jesus als **Gottes Sohn, Christus, Messias** oder **Heiland** bezeichnet.

12.1 Aufgabenkarten Christentum

	Die **Taufe** ist das wichtigste Zeichen dafür, dass sich ein Mensch zum christlichen Glauben bekennt. Die Taufe geschieht mit Wasser und den Worten »Ich taufe dich auf den Namen des Vater, des Sohnes und des Heiligen Geistes«. Viele Kirchen/Konfessionen erkennen ihre Taufhandlungen gegenseitig an, egal ob ein Mensch als Kind (**Kindertaufe**) oder später (**Gläubigentaufe**) getauft worden ist. Jesus selbst hat nicht getauft, aber bereits die ersten Christen haben die Taufe als wichtiges Zeichen der Gemeinschaft praktiziert. Für alle Kirchen ist sie ein **Sakrament.**	 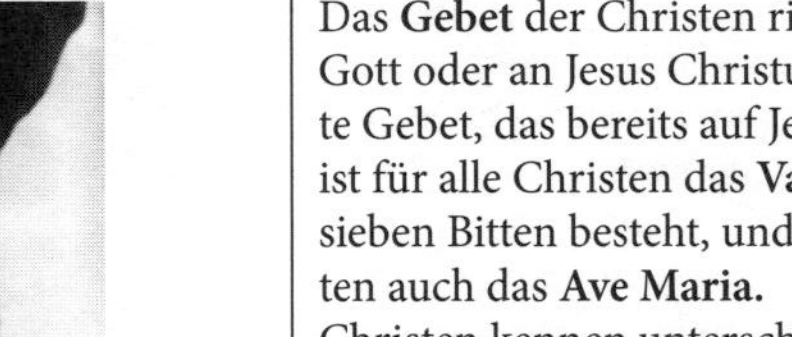	Das **Gebet** der Christen richtet sich an Gott oder an Jesus Christus. Das wichtigste Gebet, das bereits auf Jesus zurückgeht, ist für alle Christen das **Vaterunser,** das aus sieben Bitten besteht, und für kath. Christen auch das **Ave Maria.** Christen kennen unterschiedliche **Gebetshaltungen,** die gebräuchlichsten sind die gefalteten Hände und die mit den Handflächen zusammengelegten Hände. Der **Rosenkranz** (kath.) ist eine Hilfe zum Gebet und zur Meditation des Weges Jesu.
	Die **Bibel** ist die Heilige Schrift des Christentums. Im Alten Testament (AT) finden sich die Texte, die auch im Judentum Heilige Schriften sind. Im **Neuen Testament** (NT) werden in vier Evangelien Geschichten von Jesus erzählt, die Apostelgeschichte berichtet von den ersten christlichen Gemeinden, viele Schriften (Briefe) gehen auf den Apostel Paulus zurück. Das AT ist ursprünglich in Hebräisch geschrieben, das NT in Griechisch. Heute gibt es viele Übersetzungen der Bibel, besonders bekannt sind die **Übersetzung von Martin Luther** (ev.) und die **Einheitsübersetzung** (kath.).		Der **Papst** ist das Oberhaupt der römisch-katholischen Kirche. Er ist zugleich der Bischof von Rom und hat das Recht, Bischöfe einzusetzen. Für kath. Christen ist Petrus der erste Bischof von Rom. Deshalb beansprucht die röm.-kath. Kirche die Vorrangstellung (Primat) des Papstes für die gesamte Christenheit. In seiner Arbeit wird der Papst von den Kardinälen unterstützt, die auch den neuen Papst wählen. Der jetzige Papst heißt Franziskus (seit 2013).

12.2 Aufgabenkarten Judentum

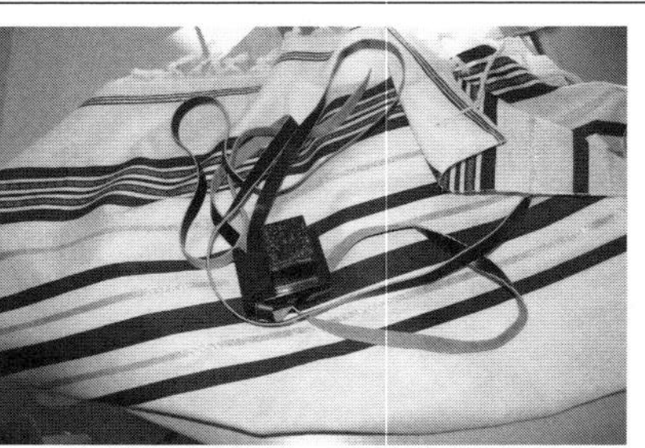	Zum Gebet bekleiden sich Juden mit einem weißen rechteckigen Gebetsmantel mit blauen oder schwarzen Streifen aus Wolle, dem **Tallit.** Außerdem legen sie die **Tefillin** an, Lederriemen mit Kapseln. Sie kommen auf die Stirn und den linken Arm des Beters. In den Kapseln befinden sich Gebetsvorschriften. Juden beten wochentags im häuslichen Gebet und am Sabbat gemeinsam in der Synagoge. Ein wichtiger Gebetsort ist auch die **Klagemauer** in Jerusalem, die frühere Westmauer des von den Römern zerstörten Tempels.	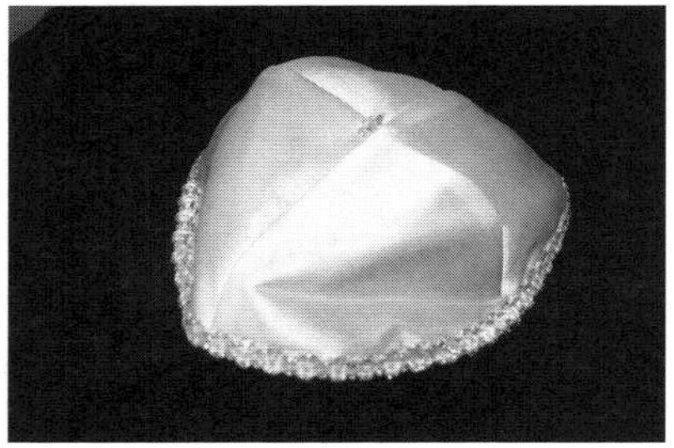	Die **Kippa** wird beim Gebet aufgesetzt. Die Kippa ist ein Zeichen der Ehrfurcht vor der Allgegenwart Gottes. Sie symbolisiert die Begrenztheit des Menschen in Bezug auf die Größe Gottes. **Fromme Juden** tragen die Kippa beim Besuch der Synagoge, beim Lesen in der Tora und beim Essen. Streng **orthodoxe Juden** tragen die Kippa sogar zu jeder Zeit. Auch für **orthodoxe Jüdinnen** besteht eine Pflicht zur Kopfbedeckung, wenn sie das Haus verlassen.
	Mit dem **Pessachfest** erinnern sich die Juden an das wichtigste Ereignis in der Geschichte Israels, den Auszug aus Ägypten **(Exodus).** Der **Sederabend** ist der Vorabend des Pessach. Die Familie liest Texte in Hebräisch aus der Haggada, einer Erzählung, die vom Exodus berichtet. Auf einem **Sederteller** stehen **symbolische Speisen,** die an den Aufenthalt in Ägypten und den Auszug erinnern, z. B. eine Lammkeule als Erinnerung an das Opfer im Tempel, Bitterkraut für die bittere Sklaverei, ein Ei als Zeichen der Gebrechlichkeit. Schließlich ein Becher Wein, der für den Propheten Elia bestimmt ist.	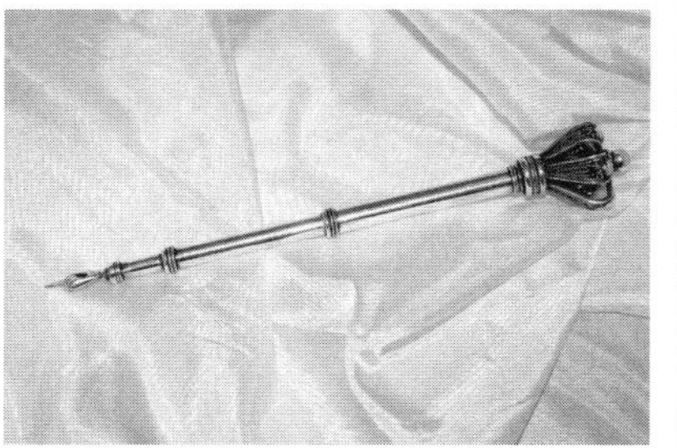	Die Tora, in der die fünf Bücher Mose stehen, ist für das Judentum ein besonderes Gründungsdokument. Deshalb werden die Torarollen nicht mit dem Finger berührt. Ein besonderer Zeigestab, der **Jad,** dient dem **Vorleser** im Synagogengottesdienst dazu, über die Textzeilen zu fahren. Es gilt als eine besondere Ehre, im **Synagogengottesdienst** vorzulesen. Jeder Gottesdienstteilnehmer kann dazu aufgefordert werden. Der Vortrag erfolgt in Hebräisch und mit einer besonderen liedähnlichen Betonung.

12.2 Aufgabenkarten Judentum

	Die **Menora** ist ein siebenarmiger Leuchter. Solche Leuchter gehörten zu den Kultgegenständen im Jerusalemer Tempel. Besondere Bedeutung hat die Menora beim Fest der Tempelweihe, **Chanukka:** Als im 2. Jh.v. Chr. die Seleukiden den Tempel in Jerusalem entweihten, konnte die Menora mit nur noch einem einzigen Fläschchen Öl entzündet werden. Wie durch ein Wunder brannte sie acht Tage lang. Chanukka wird von den Juden als **Lichtfest** gefeiert, in zeitlicher Nähe zum christlichen Weihnachtsfest.	 	Mit der **Bar Mizwa** (»Sohn des Gebots«) sind Jungen ab dem 13. Geburtstag vollwertiges Mitglied einer jüdischen Gemeinde. An diesem Tag werden sie im Synagogengottesdienst zum ersten Mal gebeten, aus der Tora vorzulesen. Mädchen feiern ab dem 12. Geburtstag **Bat Mizwa** (»Tochter des Gebots«), in orthodoxen Gemeinden dürfen aber nur Männer aus der Tora vorlesen. Die besondere Aufgabe der Frauen ist die **Eröffnung der häuslichen Sabbatfeier** mit dem Anzünden der Kerzen und einem dazugehörigen Segensspruch.
	Als **Tora** werden die fünf Bücher Mose **(Pentateuch)** bezeichnet, im weiteren Sinn die gesamte jüdische Bibel. Ursprünglich wurden die Heiligen Schriften auf **Schriftrollen** geschrieben. So findet die Tora noch heute in der Synagoge in den Sabbatgottesdiensten Verwendung. Die Rollen werden in einem Schrank in der Synagoge aufbewahrt, mit einem Tuch **(Mappa)** und einem Mantel (**Meil**) geschützt, auf dem sich oft eine Krone **(Kether)** befindet. Unbrauchbare Torarollen werden nicht weggeworfen, sondern in einem Raum der Synagoge **(Genisa)** aufbewahrt oder sogar auf dem Friedhof beerdigt.		Die jüdische Gemeinde feiert ihren **Gottesdienst** am Beginn des Sabbats und zu den jüdischen Festtagen in der **Synagoge.** Der Gottesdienst, bei dem mindestens 10 Männer anwesend sein müssen, wird von einem **Vorsänger** und dem **Rabbi** geleitet. Gebete, Gesang, das Vorlesen aus der Tora und eine Predigt des Rabbi gehören zu den wichtigsten Bestandteilen des Gottesdienstes. Meist nehmen die Frauen in einem besonderen Teil des Raumes oder auf einer Empore am Gottesdienst teil.

12.3 Aufgabenkarten Islam

	In der **Moschee** treffen sich die Muslime zum gemeinschaftlichen Gebet, darüber hinaus ist die Moschee ein sozialer Treffpunkt. Vor allem zum Freitagsgebet versammeln sich hier die **Muslime, die Muslima** nehmen z. T. in einem abgetrennten Ort am Gebet teil. Zu den Besonderheiten gehört das **Minarett,** ein Turm, von dem der Muezzin zum Gebet ruft. Der Gebetsraum wird barfuß betreten, nachdem sich die Muslime in einem **Waschraum** gereinigt haben. Eine Nische **(Mihrab)** zeigt die Gebetsrichtung nach Mekka an, von einer Kanzel **(Minbar)** hält der Imam eine Predigt.		Der Islam kennt **fünf Pflichten** (Säulen des Islam), von denen das Gebet die zweite ist. **Fünf Mal am Tag** soll der Muslim nach einer bestimmten Vorschrift beten. Das Pflichtgebet wird nach einer kleinen Waschung auf einem **Teppich** vollzogen, der die Reinheit des Gebetsortes gewährt. In **Gebetshaltungen** (Stehen, Verbeugung, Niederwerfen, Sitzen) spricht der Beter die vorgeschriebenen Gebete. Am Ende wird der Kopf zum Friedenswunsch nach rechts und links gedreht. Beim Gebet setzen die Männer eine Kopfbedeckung **(Takke)** auf.
	Der **Koran** ist das Heilige Buch des Islam. Er ist in Arabisch geschrieben. Für die Muslime ist es das unverfälschte Wort Gottes, das **Mohammed (570–632 n. Chr.)** durch den Engel Gabriel empfangen hat. Der Text ist in **114 Suren** eingeteilt. Die erste Sure ist ein besonderer Text, sie wird **al-Fatiha** genannt und wird bei den rituellen Gebeten gesprochen. Der Koran wird im Islam hoch geachtet, wer in ihm liest, benutzt einen **Koranständer.** Der Koran liegt so nicht auf dem Boden oder könnte verunreinigt werden.		Der Islam kennt **fünf Pflichten** (Säulen des Islam), von denen die Pilgerfahrt **(Hiddscha)** nach **Mekka** die fünfte ist. Einmal im Leben soll ein Muslim oder eine Muslima diese Wallfahrt machen. Unter anderem wird dort die **Kaaba,** ein Quader mit einem besonderen Stein, sieben Mal umrundet. Oft wird dabei auch **Medina** besucht, eine Stadt, in der der Prophet **Mohammed** einige Zeit gelebt hat. Dort befindet sich auch sein Grab.

12.3 Aufgabenkarten Islam

	Die Gebetskette heißt im Islam **Tashib.** Sie besteht aus 33 oder 99 Perlen. Denn der Islam kennt **99 schönste Namen** Gottes **(Allah)**, die mit Hilfe der Gebetskette meditiert werden. Das Geheimnis Gottes erschließt sich dem Beter dadurch aber nicht, denn den 100. Namen Gottes kennt weder der Koran noch ein Mensch. Im Glaubensbekenntnis (**Schahada**), der ersten der **fünf Pflichten** im Islam, heißt es: »Ich bezeuge, dass es keine Gottheit außer Allah gibt.«	 	Mohammed (570–632 n. Chr.) gilt im Islam als **Prophet** und Gottesgesandter. Auf dem Berg Hira soll ihm 610 der Erzengel Gabriel erschienen sein. Seine Offenbarungen **(Koran)** trägt er zunächst in seiner Heimatstadt Mekka vor. Später flieht er mit seinen Anhängern nach Medina. 630 kehrt er nach Mekka zurück. Geschichten aus seinem Leben werden in der **Sunna** gesammelt. Mohammed wird besonders verehrt, deshalb wird sein Gesicht nie gezeigt. Wenn ein Muslim den Namen des Propheten ausspricht oder hört, sagt er: »Der Segen Allahs sei mit ihm und seiner Familie in Frieden.«
	Der Islam kennt **fünf Pflichten** (Säulen des Islam), von denen das Almosengeben **(Zakat)** die vierte ist. Im Koran steht dazu: »Ihr werdet die wahre Frömmigkeit nicht erlangen, solange ihr nicht etwas spendet, was ihr liebt. Und was immer ihr spendet, darüber weiß Gott Bescheid!« (Sure 3,92) Die Höhe dieser Abgabe ist im Koran nicht geregelt. Heute wird sie in vielen Ländern als freiwillige Spende verstanden.		Der Islam kennt **fünf Pflichten** (Säulen des Islam), von denen das Fasten im Monat **Ramadan** die dritte ist. In diesem Monat nehmen die Muslime von Sonnenaufgang bis Sonnenuntergang keine Lebensmittel und Genussmittel und auch keine Getränke zu sich. Am Abend wird gemeinsam im Kreis der Familie und mit Freunden gegessen. Kinder, Kranke, alte und schwer arbeitende Menschen sowie Schwangere sind vom Fasten ausgenommen. Den Abschluss des Fastenmonats bildet das Fastenbrechen (**Bayram** / Zuckerfest), an dem Kinder mit Süßigkeiten beschenkt werden.

6 Begriffsbildung

»Was bedeutet eigentlich Nächstenliebe?« – Kooperative Lernarbeit mit der Methode des »Concept Attainments«

Medien und Materialien

- J1: Bibeltexte – Wie Menschen sich verhalten
- J2: Gruppenarbeit – Merkmale des Verhaltens
- J3: Nächstenliebe als Kosmetik

Vorbemerkung

Kernaufgabe des Schulunterrichts ist die permanente Ausweitung und Differenzierung von Wissensstrukturen. Dabei kommt den Begriffen als den Werkzeugen des Denkens eine zentrale Bedeutung zu: »Je mehr mit Anschauung und Beispielen gefüllte Begriffe ein Mensch unterscheiden kann, desto differenzierter sieht er die Welt, desto genauer kann er über sie sprechen und desto mehr versteht er sie auch. Und es ist ein Grundbedürfnis des Menschen, die Welt zu verstehen, indem er die Vielfalt der Erscheinungen ordnet. Um Orientierung zu gewinnen, versuchen die Menschen Ähnliches in Verschiedenem zu entdecken, sodass den Dingen die Fremdheit genommen wird.«[1] Empirische Forschungen belegen, dass rund ein Viertel des Unterrichts der Begriffs- und Konzeptbildung dient.[2] Üblicherweise erklärt die Lehrkraft im Unterricht die Begriffe und geht davon aus, dass der Begriff mit seinen typischen Eigenschaften, die ihm innewohnen, von den Schülerinnen und Schülern übernommen wird. Häufig übernehmen die Lernenden aber nur die »Begriffsnamen, ohne den Inhalt des Begriffs selber mit Anschauung füllen zu können.«[3] Fasst man Lernen als individuelle Konstruktionsleistung auf, benötigen Schülerinnen und Schüler im Unterricht Möglichkeiten, sich selbstständig mit Begriffen auseinanderzusetzen, um sie für sich selbst zu konstruieren und um sie sich damit zueigen zu machen. Dabei wird davon ausgegangen, dass die Schülerinnen und Schüler beispielsweise die Charakteristika der Nächstenliebe nicht allein durch den Vortrag der Lehrkraft lernen, sondern durch die Betrachtung von unterschiedlichen biblischen Stellen und die Suche nach Gemeinsamkeiten und Unterschieden.

Kommentar zum »Concept Attainment«

Die Lernarbeit zielt darauf ab, mithilfe der Methode des *Concept Attainments* aus einem bereitgestellten Material gemeinsame Merkmale von Beispielen herauszufinden, um so bestimmte Begriffe herauszuarbeiten. Anschließend werden dem Begriff weitere Beispiele zugeordnet. Brüning/Saum schlagen folgende Arbeitsschritte zur Entwicklung vor:

»1. Überlegen Sie zunächst, welche Begriffe oder Konzepte Sie in Ihrem Unterricht demnächst vermitteln wollen [...]
2. Wählen Sie einen zentralen Begriff – vielleicht mit seinem Gegenteil – aus, für den Sie ein Concept Attainment erstellen wollen [...]
3. Arbeiten Sie die Wesensmerkmale des Begriffs heraus. Überlegen Sie dann, in welchen Ausprägungen diese Wesensmerkmale auftreten [...]
4. Suchen Sie jetzt jeweils vier Beispiele für die beiden Seiten. Die Beispiele müssen alle Wesensmerkmale des Begriffs haben und sollten verschiedene Ausprägungen der Wesensmerkmale enthalten [...]
5. Suchen Sie jetzt vier Testbeispiele, durch deren Zuordnung man die eigene Hypothese überprüfen kann.«[4]

Als zentraler theologischer Begriff, den die Schülerinnen und Schüler mithilfe des Arbeitsblattes K2 erschließen sollen, ist im folgenden Beispiel der Begriff der »Nächstenliebe« ausgewählt worden. Dazu wurden Bibelstellen aus dem Alten und Neuen Testament zusammengetragen, die unterschiedliches Verhalten und Aussagen von Menschen beschreiben. Dabei haben die Verhaltensweisen in den Beispielen mit den geraden Zahlen und den ungeraden Zahlen gemeinsame Wesensmerkmale.[5]

---

1 Brüning/Saum (2009): Erfolgreich unterrichten 2, S. 58.
2 Ebd., S. 60.
3 Ebd., S. 61.
4 Ebd., S. 93
5 Vgl. auch die für den Religionsunterricht interessanten Beispiele zu kirchlichen Baustilen und zur Ganzschrift

Religionspädagogischer Kommentar

Fragt man Schülerinnen und Schüler nach dem Begriff der Nächstenliebe, so wird diese meist auf nahestehende Personen aus dem sozialen Umfeld wie die Familie oder auf Freunde bezogen und als ein Gefühl der Nähe und der Sympathie zu diesen beschrieben. Nächstenliebe äußert sich dabei in uneigennützigen Handlungen, mit denen man den Mitmenschen Gutes tut oder tun will.

In der Bibel wird die Nächstenliebe demgegenüber als »Liebe von geschöpflichen Personen zu konkreten nächsten geschöpflichen Personen als Ebenbildern Gottes«[6] beschrieben, also nicht nur zu Menschen aus dem eigenen konkreten sozialen oder religiösen Umfeld, sondern zu Personen, die einem aktuell in einer bestimmten Situation konkret begegnen. Die Nähe resultiert hier durch die aktuelle Beziehung zu ihnen, es kann somit sowohl ein nahestehender wie auch ein völlig fremder Mensch Adressat der Nächstenliebe sein. Die Dringlichkeit des Beistandes ergibt sich zumeist aus der Bedürftigkeit, daraus, dass ein Mensch in einer bestimmten Situation die Hilfe, Unterstützung und Zuwendung des anderen braucht (vgl. das Gleichnis vom barmherzigen Samariter, Lk 10, 25–37). Jesu eigenes Verhalten zu Armen, Kranken und Ausgegrenzten veranschaulicht, was Nächstenliebe bedeutet. Wegen der Gottebenbildlichkeit jedes Menschen schließt die Nächstenliebe die Liebe zu sich selbst und sogar die Feindesliebe mit ein. Sie hat ihren Ursprung in der Liebe Gottes zu den Menschen, was im Doppelgebot der Liebe (Mk. 12, 29ff.) zum Ausdruck gebracht ist.

Nach biblischem »Verständnis stiftet Gottes Erwählungshandeln Gemeinschaft, es ermöglicht und verlangt damit die menschliche Liebe zu dieser Gemeinschaft [...], also die Liebe zu Gott und den Nächsten. Weil diese Liebe sich auf die von Gott gestiftete *Gemeinschaft* mit ihm und zu den menschlichen Partnern richtet, schließt sie die Selbstbejahung (Selbstliebe) ein (Mt. 22, 34–40), die sogar zum Maßstab der Nächstenliebe wird (Mt. 7, 12 parr.; Goldene Regel).«[7]

Allerdings finden sich in der Bibel auch Aufforderungen, die der angegebenen Definition von Nächstenliebe zu widersprechen scheinen (vgl. Arbeitsblatt K2, 2. Joh. 1, 9–11). Solche Widersprüche verdeutlichen, dass biblische Texte immer mehr als nur eine Auslegungs- und Verstehensweise zulassen und »dass Gott die Tora [zwar] *gegeben*« hat, »dass aber deren *Auslegung* Menschen zugemutet und zugetraut ist.«[8] Auch die Frage »Was ist eigentlich Nächstenliebe?« muss demnach, wenn sie sich auf die Bibel bezieht, »mehr als *eine* Verstehensweise« zulassen, sodass die Multiperspektivität der Bibel »als großer Reichtum« verstanden werden kann.[9] Dies lädt zur Diskussion und zum **Dialog** ein, was wiederum zur Erweiterung und zur Bereicherung der eigenen Begriffsbildung führen kann.

Verlaufsplan

Anhand des Arbeitsblattes J1 sollen die Schülerinnen und Schüler die gemeinsamen Merkmale der Verhaltensweisen in der linken und rechten Spalte der Tabelle herausarbeiten. Dazu unterstreichen die Lernenden bei den unterschiedlichen Bibeltexten die Stellen, die für das entsprechende Verhalten charakteristisch sind und halten anschließend die herausgefundenen Merkmale in der Tabelle auf dem Arbeitsblatt fest.

Die Lehrkraft teilt die Lerngruppe anschließend in Kleingruppen zu je drei oder vier Schülerinnen und Schülern, entweder nach Neigungs- oder Zufallsgruppen (Abzählen, Spielkarten), ein. In der anschließenden Gruppenarbeit stellt eine Schülerin/ein Schüler ihre/seine Ergebnisse den anderen vor (z.B. diejenige/derjenige mit der höchsten Hausnummer). Die anderen können anschließend ergänzende oder abweichende Resultate ergänzen. Am Ende soll sich die Gruppe auf eine Merkmalsliste einigen, die auf dem Arbeitsblatt J2 festgehalten wird. Ferner soll sich die Kleingruppe nun auch auf Begriffe einigen, die die Verhaltensweisen in der rechten und linken Spalte am besten charakterisieren (z. B. Nächsten- und Feindesliebe versus Egoismus und Bequemlichkeit), wozu entsprechende **Urteils- und Dialogkompetenz** bei den Lernenden innerhalb der Kleingruppe benötigt wird. Auch dieses Ergebnis soll auf dem Arbeitsblatt festgehalten werden.

Im Anschluss werden mit einer weiteren Tabelle auf dem Arbeitsblatt J2 die Ergebnisse der Kleingruppe überprüft. In dieser Tabelle sind unsortierte Beispiele gegeben, die nun der rechten bzw. linken Spalte zugeordnet werden sollen. Die Beispiele sind nicht immer eindeutig zuzuordnen, was für Diskussionsstoff

Damals war es Friedrich bei Brüning/Saum (2009): Erfolgreich unterrichten 2, S. 78ff. bzw. 95f.

6 RGG, 4. Aufl., Tübingen 2003, Bd. 6, Sp. 14.

7 Ebd., Sp. 17.

8 Vortrag von Jürgen Ebach, Bibel und Toleranz. Kein leichtes Thema, St. Johann, Lemgo, 5. September 2013 (unveröffentlicht).

9 Ebd.

in den Gruppen sorgen soll. Evtl. müssen Ergebnisse aus der ersten Phase der Kleingruppenarbeit noch einmal modifiziert oder verändert werden. Mit dem Text Joh. 1, 9–11 ist zudem ein Bibeltext aufgenommen, der den Texten mit den geraden Nummern zugeordnet werden müsste. Dies soll die Schülerinnen und Schüler zu kritischem Umgang auch mit biblischen Texten anleiten. Die Ergebnisse bilden dann den Ausgangspunkt für ein Unterrichtsgespräch, in dem die Ergebnisse der einzelnen Gruppen präsentiert werden und eine anschließende Ergebnissicherung stattfindet. In einer anschließenden metakognitiven Phase kann mit der Lerngruppe besprochen werden, wie sie bei der Begriffsbildung vorgegangen ist, um ein Bewusstsein für die (verschiedenen) Denkstrategien zu fördern. Brüning/Saum unterscheiden dabei zwei gängige Strategien: »Entweder nehmen die Schüler einen Aspekt in den Blick und untersuchen, ob er sich bei allen Beispielen findet. Oder sie stellen vom ersten Beispiel ausgehend eine Hypothese auf, in der mehrere Merkmale enthalten sind, und prüfen die Beispiele gleichzeitig. Wenn bei einem Beispiel ein Merkmal fehlt, dann fällt dieses weg und kann kein Wesensmerkmal des gesuchten Begriffes mehr sein.«[10]

Möglichkeiten der Weiterarbeit

Arbeitsblatt J3 stellt eine Anwendungssituation für die Begriffsbildung dar, in der die erworbenen **Kompetenzen** aus der vorangegangenen Gruppenarbeit **überprüft** werden können. Anhand einer Werbung für eine Creme mit dem Namen »Nächstenliebe« soll abgewogen werden, ob für diese Creme der Begriff zu Recht gewählt werden kann. Dem Arbeitsblatt ist zu entnehmen, dass die Creme aus Bioprodukten erstellt wird, die aus fairem Handel bezogen werden. Es wird darauf geachtet, dass das Produkt vegan ist und tierversuchsfrei auf den Markt kommt. Zudem soll der Erlös der Creme einem guten Zweck zugeführt werden, was für die Rechtmäßigkeit des Namens sprechen könnte. Allerdings wären auch kritische Anmerkungen möglich, wie z. B. dass die/der Konsument(in) mit dem Kauf dieser Creme vielleicht nur sein Gewissen beruhigen möchte, während ansonsten die Nächstenliebe bei den Einkäufen und im Leben der Person keine Rolle spielt. Wäre es nicht im Sinne der Nächstenliebe besser, das Geld direkt an Bedürftige zu spenden, die dann unmittelbar von dem Geld profitieren? Oder wollte die/der Käufer(in) sich mit dem Kauf der Creme in erster Linie selbst etwas Gutes tun? Eine persönliche Begegnung mit Bedürftigen findet über den Kauf einer Creme zumindest nicht statt. Der Kauf entbindet den Käufer also nicht davon, auch darüber hinaus im Sinne der Nächstenliebe tätig zu werden. Ferner ist der »gute Zweck«, dem der Erlös zugutekommen soll, auch nicht näher spezifiziert. Kommt er tatsächlich anderen Menschen oder in erster Linie dem Produzenten der Creme zugute? Und hätte dieser nicht auch gänzlich auf die Werbung für das Produkt verzichten können, um auch dieses Geld besser direkt im Sinne der Nächstenliebe zu investieren? Entspricht somit vielleicht der Name des Produktes sogar dem Verhalten des Simon aus Apg. 8, 18–22, der sich mit Geld die Macht des Heiligen Geistes erkaufen will?

10 Brüning/Saum (2009): Erfolgreich unterrichten 2, S. 87.

J1 Bibeltexte – Wie Menschen sich verhalten

In der folgenden Tabelle findest du Bibeltexte, in denen unterschiedliche Verhaltensweisen von Menschen beschrieben werden. Dabei ähnelt das Verhalten in den Texten mit den geraden (2, 4, 6, 8, 10) und den ungeraden Zahlen (1, 3, 5, 7, 9) einander. Was ist das jeweils Gemeinsame? Unterstreiche die entsprechenden Merkmale im Text und fasse diese in der Tabelle am Schluss zusammen.

1. Wenn du dein Land aberntest, sollst du nicht alles bis an die Ecken deines Feldes abschneiden, auch nicht Nachlese halten. Auch sollst du in deinem Weinberg nicht Nachlese halten noch die abgefallenen Beeren auflesen, sondern dem Armen und Fremdling sollst du es lassen. (Lev. 19, 9–10)	2. Da sprach Nathan zu David: Du bist der Mann! So spricht der HERR, der Gott Israels: Ich habe dich zum König gesalbt über Israel und habe dich errettet aus der Hand Sauls und habe dir deines Herrn Haus gegeben, dazu seine Frauen, und habe dir das Haus Israel und Juda gegeben; und ist das zu wenig, will ich noch dies und das dazutun. Warum hast du denn das Wort des HERRN verachtet, dass du getan hast, was ihm missfiel? Uria, den Hetiter, hast du erschlagen mit dem Schwert, seine Frau hast du dir zur Frau genommen, ihn aber hast du umgebracht durchs Schwert der Ammoniter. (2. Sam. 12, 7–9)
3. Denn ich bin hungrig gewesen und ihr habt mir zu essen gegeben. Ich bin durstig gewesen und ihr habt mir zu trinken gegeben. Ich bin ein Fremder gewesen und ihr habt mich aufgenommen. Ich bin nackt gewesen und ihr habt mich gekleidet. Ich bin krank gewesen und ihr habt mich besucht. Ich bin im Gefängnis gewesen und ihr seid zu mir gekommen. (Mt. 25, 35–36)	4. Es war aber ein reicher Mann, der kleidete sich in Purpur und kostbares Leinen und lebte alle Tage herrlich und in Freuden. Es war aber ein Armer mit Namen Lazarus, der lag vor seiner Tür voll von Geschwüren und begehrte sich zu sättigen mit dem, was von des Reichen Tisch fiel; dazu kamen auch die Hunde und leckten seine Geschwüre. (Lk. 16, 19–20)
5. Ein Samariter aber, der auf der Reise war, kam dahin; und als er ihn sah, jammerte er ihn; und er ging zu ihm, goss Öl und Wein auf seine Wunden und verband sie ihm, hob ihn auf sein Tier und brachte ihn in eine Herberge und pflegte ihn. Am nächsten Tag zog er zwei Silbergroschen heraus, gab sie dem Wirt und sprach: Pflege ihn; und wenn du mehr ausgibst, will ich dir's bezahlen, wenn ich wiederkomme. (Lk. 10, 33–35)	6. Da sprach der HERR zu Kain: Wo ist dein Bruder Abel? Er sprach: Ich weiß nicht; soll ich meines Bruders Hüter sein? (Gen. 4, 9)

7. Liebt eure Feinde; tut wohl denen, die euch hassen; segnet, die euch verfluchen; bittet für die, die euch beleidigen. Und wer dich auf die eine Backe schlägt, dem biete die andere auch dar; und wer dir den Mantel nimmt, dem verweigere auch den Rock nicht. Wer dich bittet, dem gib; und wer dir das Deine nimmt, von dem fordere es nicht zurück. Und wie ihr wollt, dass euch die Leute tun sollen, so tut ihnen auch! (Lk. 6, 27–31)	8. Und wenn ihr die liebt, die euch lieben, welchen Dank habt ihr davon? Denn auch die Sünder lieben ihre Freunde. Und wenn ihr euren Wohltätern wohltut, welchen Dank habt ihr davon? Denn die Sünder tun dasselbe auch. Und wenn ihr denen leiht, von denen ihr etwas zu bekommen hofft, welchen Dank habt ihr davon? Auch die Sünder leihen den Sündern, damit sie das Gleiche bekommen. (Lk. 5, 32–34)
9. Segnet, die euch verfolgen; segnet, und flucht nicht. Freut euch mit den Fröhlichen und weint mit den Weinenden. Seid eines Sinnes untereinander. Trachtet nicht nach hohen Dingen, sondern haltet euch herunter zu den geringen. Haltet euch nicht selbst für klug. Vergeltet niemandem Böses mit Bösem. Seid auf Gutes bedacht gegenüber jedermann. Ist's möglich, soviel an euch liegt, so habt mit allen Menschen Frieden. Rächt euch nicht selbst, meine Lieben […] Vielmehr, »wenn deinen Feind hungert, gib ihm zu essen; dürstet ihn, gib ihm zu trinken. […] Lass dich nicht vom Bösen überwinden, sondern überwinde das Böse mit Gutem. (Röm. 12, 14–21)	10. Als aber Simon sah, dass der Geist gegeben wurde, wenn die Apostel die Hände auflegten, bot er ihnen Geld an und sprach: Gebt auch mir die Macht, damit jeder, dem ich die Hände auflege, den Heiligen Geist empfange. Petrus aber sprach zu ihm: Dass du verdammt werdest mitsamt deinem Geld, weil du meinst, Gottes Gabe werde durch Geld erlangt. Du hast weder Anteil noch Anrecht an dieser Sache; denn dein Herz ist nicht rechtschaffen vor Gott. Darum tu Buße für diese deine Bosheit und flehe zum Herrn, ob dir das Trachten deines Herzens vergeben werden könne. (Apg. 8, 18–22)

↓ ↓

Merkmale des Verhaltens ungerade Textstellen: 1, 3, 5, 7, 9	Merkmale des Verhaltens gerade Textstellen: 2, 4, 6, 8, 10

J2 Gruppenarbeit - Merkmale des Verhaltens

1. Besprecht in eurer Gruppe, welche Gemeinsamkeiten ihr bei den Bibelstellen mit den geraden bzw. ungeraden Ziffern festgestellt habt. Einigt euch auf ein Gruppenergebnis, das die zentralen Merkmale des Verhaltens zusammenfasst und notiert euer Ergebnis in dieser Tabelle:

Merkmale des Verhaltens ungerade Textstellen: 1, 3, 5, 7, 9	Merkmale des Verhaltens gerade Textstellen: 2, 4, 6, 8, 10

2. Versucht das Verhalten in den ungeraden und den geraden Textstellen auf ein bis maximal drei Begriffe zu bringen und haltet diesen/diese in der folgenden Tabelle fest:

Begriff(e) für das Verhalten ungerade Textstellen: 1, 3, 5, 7, 9	Begriff(e) für das Verhalten gerade Textstellen: 2, 4, 6, 8, 10

3. Testet nun eure Ergebnisse an folgenden Bibelstellen, indem ihr angebt, ob ihr sie der geraden oder der ungeraden Seite zuordnen würdet:

Bibeltext	**gerade/ungerade**
Was aber aus dem Mund herauskommt, das kommt aus dem Herzen, und das macht den Menschen unrein. Denn aus dem Herzen kommen böse Gedanken, Mord, Ehebruch, Unzucht, Diebstahl, falsches Zeugnis, Lästerung. (Mt. 15, 18–19)	
Was hilft's, liebe Brüder, wenn jemand sagt, er habe Glauben, und hat doch keine Werke? Kann denn der Glaube ihn selig machen? Wenn ein Bruder oder eine Schwester Mangel hätte an Kleidung und an der täglichen Nahrung und jemand unter euch spräche zu ihnen: Geht hin in Frieden, wärmt euch und sättigt euch!, ihr gäbet ihnen aber nicht, was der Leib nötig hat – was könnte ihnen das helfen? (Jak. 15, 14–16)	
Wer darüber hinausgeht und bleibt nicht in der Lehre Christi, der hat Gott nicht; wer in dieser Lehre bleibt, der hat den Vater und den Sohn. Wenn jemand zu euch kommt und bringt diese Lehre nicht, so nehmt ihn nicht ins Haus und grüßt ihn auch nicht. Denn wer ihn grüßt, der hat teil an seinen bösen Werken. (2. Joh. 1, 9–11)	
Ihr sollt nicht stehlen noch lügen noch betrügerisch handeln einer mit dem andern. Ihr sollt nicht falsch schwören bei meinem Namen und den Namen eures Gottes nicht entheiligen; ich bin der HERR. Du sollst deinen Nächsten nicht bedrücken noch berauben. Es soll des Tagelöhners Lohn nicht bei dir bleiben bis zum Morgen. (Lev. 19, 11–13)	
Und Jesus sah ihn an und gewann ihn lieb und sprach zu ihm: Eines fehlt dir. Geh hin, verkaufe alles, was du hast, und gib's den Armen, so wirst du einen Schatz im Himmel haben, und komm und folge mir nach! Er aber wurde unmutig über das Wort und ging traurig davon; denn er hatte viele Güter. (Mk. 10, 21–22)	

4. Präsentiert eure Ergebnisse anschließend in der Klasse und begründet eure Zuordnung. Vergleicht auch eure Begriffe, die ihr in Aufgabe 2 formuliert habt. Welcher Begriff charakterisiert das Verhalten am besten?

J3 Nächstenliebe als Kosmetik?

Eine Kosmetikfirma hat einer Bodylotion den Namen »Nächstenliebe« gegeben, heute heißt das Produkt *Charity Pot.* Die Bodylotion, die aus Bioprodukten (größten Teil aus Kakaobutter und Mandelöl) aus fairem Handel (Fair Trade Produkt) besteht, ist vegan und tierversuchsfrei hergestellt. Die Firma wirbt für die Creme mit dem Slogan, dass es sich um eine Hand- und Körpercreme handelt, die Gutes tut. Schließlich werde der Erlös für die Creme immer für gute Zwecke gespendet.

1. Überprüfe zunächst allein anhand der Ergebnisse von Arbeitsblatt 1 und 2, ob die Creme den Namen zu Recht trägt. Schreibe dein Ergebnis und die Begründung unten in den Schreibkasten.
2. Vergleiche dann deine Ergebnisse mit denen deines Sitznachbarn/deiner Sitznachbarin.
   a) Falls ihr zu unterschiedlichen Ergebnissen gekommen seid, versucht einander mit euren Argumenten zu überzeugen.
   b) Seid ihr zum gleichen Ergebnis gekommen, überlegt, ob es auch Argumente für die Gegenposition geben könnte und schreibt diese auf.
   c) Besprecht, ob ihr diese Creme kaufen würdet, auch wenn sie im Vergleich zu anderen Cremes gleicher Qualität viel teurer ist.
3. Tauscht eure Ergebnisse und Argumente im Plenum aus.
4. Recherchiert nach weiteren Produkten, die biblische oder christliche Bezüge im Namen oder in der Werbung verwenden. Nutzt vor allem das Internet. Erarbeitet dazu eine Ausstellung.
5. Diskutiert: Warum bedienen sich Werbeagenturen aus diesem Fundus? Was haltet ihr davon?
6. Bereitet eine Podiumsdiskussion vor, in der Vertreterinnen und Vertreter der oben genannten Kosmetikfirma sowie Gegnerinnen und Gegner, die für ein Werbeverbot von biblischen Begriffen argumentieren, und Verbraucherinnen und Verbraucher mit und ohne christlichen Hintergrund sitzen.

7 Rechter Winkel und Lerntempoduett

»Kirche in der Krise« – Kooperative Lernarbeit mit der Methode des »Rechten Winkels« und des »Lerntempoduetts«

Medien und Materialien

- K1: Säkularisierung oder Traditionsabbruch
- K2: Jesus – Herausforderung für die Kirche

Überblick über die Unterrichtseinheit

Im Folgenden sollen einige kooperative Lernformen am Beispiel einer Unterrichtseinheit »Kirche in der Krise« für den Religionsunterricht in der gymnasialen Oberstufe vorgestellt werden, deren Materialien aus dem Themenheft »Kirche«[1] entnommen sind. Das Themenheft ist so aufgebaut, dass sich die Schülerinnen und Schüler zunächst mithilfe des Bausteins 1: »Kirche im Abseits?« über ihre eigenen Erfahrungen mit der Kirche im Unterricht austauschen und sich mit Fragen des Traditionsabbruchs und der Säkularisierung beschäftigen sollen. In diesem Kontext wird auch ein Text von Franz-Xaver Kaufmann[2] (K1) im Unterricht behandelt. Hier soll die weiter unten dargestellte kooperative Lernarbeit mit der Methode des »Rechten Winkels« Anwendung finden. Anschließend wird die Frage des Kirchenaustritts im Unterricht thematisiert. Da viele Jugendliche nur einen sehr begrenzten Einblick in die Arbeit der Kirche insgesamt und vor Ort haben, beschäftigen sie sich im Weiteren, wie im Baustein 2 des Heftes angeregt, in einem Recherche-Projekt mit der Situation ihrer Kirchengemeinde vor Ort und versuchen, für die »Krise der Kirche« konstruktive Lösungen zu finden. Dabei werden die in Baustein 3 vorgeschlagenen »Wege aus der Krise?«: a) Soll sich die Kirche auf dem religiösen Markt behaupten? b) Sollte sie schrumpfen und ihre Gebäude umwidmen? c) Sollte sie ärmer werden und auf Kirchensteuer verzichten? im Unterricht besprochen und kontrovers diskutiert. Mit dem Text von Jürgen Moltmann[3] (K2) kommt am Ende der Einheit »Kirche in der Krise« eine grundlegende theologische Position zu Wort. Moltmann führt aus, dass sich die Kirche in ihrer heutigen Gestalt und ihrem Wesen an ihrem »Lebensnerv«, nämlich der Botschaft Jesu Christi, messen lassen müsse. Dieser Text soll mithilfe der kooperativen Methode des »Lerntempoduetts« im Unterricht erschlossen werden.

Religionspädagogischer Kommentar

Jugendliche im Religionsunterricht der Oberstufe verfügen kaum noch über eigene Erfahrungen mit Kirche. Zwar geben viele an, dass sie noch der Kirche angehören, aber ein wirkliches Interesse an ihr ist bei den meisten Schülerinnen und Schülern kaum vorhanden. Auch in dem von der EKD herausgegebenen Kerncurriculum für das Fach Evangelische Religionslehre in der gymnasialen Oberstufe wird festgestellt:

Im Leben religiös distanzierter Jugendlicher hat Kirche keine Relevanz, religiös interessierte Jugendliche suchen sich ihre Orientierung oft unabhängig von der Kirche, christlich engagierte Jugendliche beziehen sich meist nur auf die Bezugsgruppe, mit der sie ihre Glaubenserfahrungen machen.[4]

In der fünften EKD-Erhebung über Kirchenmitgliedschaft wird diagnostiziert, »je jünger die betrachtete Generation der Kirchenmitglieder ist, umso stärker« nehme die »Distanzierung zur ›Kirche‹« zu.[5] Viele Jugendliche haben bisher in ihrem Leben wenig intensiven Kontakt mit der Kirche gehabt, da auch in ihren Familien die Kirche kaum noch eine Rolle spielt. Sie geben an, zwar eventuell aus familiären Anlässen

1 Oliver Arnhold/Hartmut Lenhard (2013): Kirche. Themenheft für den evangelischen Religionsunterricht in der Oberstufe, Göttingen.

2 Franz-Xaver Kaufmann (2011): Kirchenkrise. Wie überlebt das Christentum? Freiburg i. Br. 2. Aufl., S. 13–17.

3 Jürgen Moltmann (1973): Jesus und die Kirche, in: Walter Kasper/Jürgen Moltmann: Jesus Ja – Kirche Nein?, Zürich/Einsiedeln/Köln, S. 37–63 (Text S. 37–40; 42–46; 48–50; 63).

4 Kirchenamt der EKD (Hg.) (2010): Kerncurriculum für das Fach Evangelische Religionslehre in der gymnasialen Oberstufe. Themen und Inhalte für die Entwicklung von Kompetenzen religiöser Bildung, EKD Texte 109, Hannover, S. 48.

5 EKD (Hg.) (2014): Engagement und Indifferenz. Kirchenmitgliedschaft als soziale Praxis. V. Erhebung über Kirchenmitgliedschaft, Hannover, S. 63. http://www.ekd.de/download/ekd_v_kmu2014.pdf.

oder zu Weihnachten noch die Kirche zu besuchen, aber der sonntägliche Gottesdienst ist ihnen ebenso fremd wie andere kirchliche Aktivitäten. Eine Einbruchstelle stellt auch der Konfirmandenunterricht dar. Thomas Schlag und Friedrich Schweitzer stellen auf der Grundlage der ersten bundesweiten Untersuchung zur Konfirmandenarbeit in Deutschland im Jahr 2009, die eine Abnahme der »Orientierungskraft der Kirche im Laufe der Konfirmandenzeit« konstatierte, heraus: Der Eindruck, dass Kirche nicht auf die Fragen der Jugendlichen antwortet, ist kein »allgemeines Vorurteil«, sondern wird »durch die intensive Begegnung mit einem kirchlichen Angebot bestärkt«[6]. Erschwerend kommen zu der von den meisten Jugendlichen angenommenen Lebensferne der Kirche, die nach ihrem Eindruck den Anschluss an die Moderne verpasst hat, noch mediale Berichterstattungen hinzu wie die über Kindesmissbräuche oder »Protzbischöfe«. Dabei wird von Jugendlichen kaum zwischen katholischer und evangelischer Kirche unterschieden. Viele Schülerinnen und Schüler geben zudem an, die Kirche nicht wirklich zu brauchen. Wenn sie seelsorgerische Unterstützung bräuchten, wären andere Anlaufstellen vorhanden, wie beispielsweise Schulsozialarbeiterinnen und -arbeiter, denen eine größere Professionalität als den kirchlichen Mitarbeiterinnen und Mitarbeitern unterstellt wird.

Angesichts des Bruchstückwissens, der Vorurteile, Klischees, der Unkenntnis und der Vorbehalte der Jugendlichen gegenüber der Kirche muss der Religionsunterricht die Basis für die Behandlung des Themas *Kirche* überhaupt erst schaffen. Der Aufbau eines theologisch-abstrakten Überbauwissens hilft dabei wenig, vielmehr sollte ein Zugang für Jugendliche dadurch eröffnet werden, dass die kritischen Vorbehalte gegenüber der Kirche ernst genommen werden. Ihre Fragen können mit aktuellen Diskussionsprozessen um Gegenwart und Zukunft der Kirche, die durch spannende und aktuelle Texte und Projekte transportiert werden, verknüpft werden, sodass die Schülerinnen und Schüler sich darin persönlich verwickelt finden. Wichtig ist es aber auch, dass Lehrerinnen und Lehrer neugierig auf die Antworten der Jugendlichen zur Frage nach der Kirche sind, diesen offen begegnen und entdecken, was die Schülerinnen und Schüler dazu denken und glauben. Die berechtigte Frage der Jugendlichen: »Was bringt mir das, wenn ich mich mit der Kirche beschäftige?« sollte im Religionsunterricht eine für die Lernenden plausible Antwort finden, da die Jugendlichen einsehen können müssen, warum sie etwas zum Thema *Kirche* lernen sollen. Dazu ist es zunächst notwendig, dass die Jugendlichen im Religionsunterricht erfahren, was eigentlich in der Kirche verhandelt wird, und dass dies auch etwas mit ihrer Lebenswirklichkeit zu tun hat. Die Behandlung des Themas *Kirche* sollte folglich mit den Erfahrungen, Fragen, Problemen, Lebensentwürfen der Schülerinnen und Schüler beginnen, wozu insbesondere kooperative Lernformen ein geeignetes Instrument darstellen.

Intention und Zieltransparenz

Es ist damit bereits angedeutet, dass die Schülerinnen und Schüler in der Unterrichtseinheit besonders dazu angeregt werden sollen, sich im **Dialog** mit Problemen und Herausforderungen auseinanderzusetzen, denen sich Kirche heute in unserer Gesellschaft zu stellen hat. Dabei können die Jugendlichen entdecken, dass das, was in der Kirche passiert und diese bewegt, auch sehr viel mit ihrem eigenen Leben zu tun hat. Sie werden **sachkompetent** in Bezug auf Möglichkeiten, aber auch Grenzen heutigen kirchlichen Handelns. Sie werden mit Formen gesellschaftlichen Engagements der Kirche bekannt gemacht und setzen diese in Verbindung zu dem theologischen Selbstverständnis der Kirche. Dabei findet ein Nachdenken darüber statt, wie Kirche sich als Institution und Gemeinschaft der Glaubenden stets selbst reformieren muss, um den Anforderungen der Zeit, aber vor allem auch der eigenen Botschaft gegenüber gerecht zu werden. Die Jugendlichen erkennen aber auch, dass Kirche bei diesem Versuch stets auch an ihre eigenen Grenzen stößt, da viele Probleme nicht einfach zu lösen sind. Vor diesem Hintergrund sollen die Schülerinnen und Schüler am Ende der Einheit in der Lage sein, auch heutiges kirchliches Handeln angesichts aktueller und zukünftiger Herausforderungen auf dem Hintergrund des Auftrags und des Selbstverständnisses der Kirche zu **beurteilen.** Ziel ist somit die kompetente, urteilsfähige Teilnahme an kirchlichen Diskussionsprozessen. Aus diesem Grund kann der Religionsunterricht auch nicht auf weiterführende und vergewissernde Impulse durch theologische Texte verzichten. Diese können helfen, vorhandene Standpunkte zu hinterfragen, um zu neuen, erweiterten Kenntnissen zu gelangen. Die Auseinandersetzung mit längeren theologischen Texten ist zunächst einmal für viele Schülerinnen und Schüler wenig motivierend, da man sich in die Texte hineinarbeiten muss und dies Konzentration und methodisches Vorgehen erfordert. Dazu benötigen die

6 Schlag/Schweitzer (2012): Jugendtheologie, S. 24.

Lernenden Methoden-, hier **Lesekompetenz,** d.h. sie müssen in der Lage sein, längere Texte zu strukturieren, zentrale Gedanken zu erfassen, um abschließend ihre eigene Positionen zu den Aussagen des Textes begründet darlegen zu können.

Anhand der Materialien **K1** und **K2** werden im Folgenden zwei kooperative Arbeitsformen vorgestellt.

Kommentar zur kooperativen Lernform

Beim rechten Winkel handelt sich um eine Methode, ein Thema **(K1)** zu visualisieren, indem zunächst seine Aspekte aufgelistet werden und anschließend ein Aspekt in Bezug zur eigenen Person oder zum Leben der Bearbeiterin/des Bearbeiters gebracht werden soll. Brüning/Saum beschreiben den Aufbau der Visualisierung wie folgt:

»Die grafische Form des Rechten Winkels besteht aus zwei Pfeilen und zwei Feldern, die abwechselnd angeordnet sind. Die Pfeile sind so gezeichnet, dass genügend Freiraum zum Hineinschreiben vorhanden ist. Der erste Pfeil ist waagerecht und zeigt nach rechts; in diesen Pfeil wird das Thema, um das es geht, geschrieben. Der Pfeil zeigt auf ein rechteckiges Feld. Da hinein kommen die verschiedenen Aspekte des Themas, die näher untersucht werden können. Jeder Schüler entscheidet sich für einen Aspekt, den er genauer untersuchen möchte. Von diesem Aspekt wird ein einfacher Pfeil zu einem weiteren zweidimensionalen Pfeil gezeichnet, der senkrecht nach unten gerichtet ist. In diesen senkrechten Pfeil schreibt man die Ergebnisse der Untersuchung des ausgewählten Aspektes. Dieser Pfeil läuft auf ein weiteres rechteckiges Feld zu. In dieses soll geschrieben werden, welche Schlussfolgerung aus den Untersuchungsergebnissen für das eigene Leben gezogen werden kann. Die Ergebnisse der Analyse sollen auf die eigene Person bezogen werden, indem man etwas zu folgenden Fragestellungen schreibt: Welche Bedeutung hat das für mich? Wie kann ich das anwenden? Was lerne ich daraus?«[7]

8 Das Thema und ich: Rechter Winkel[1]

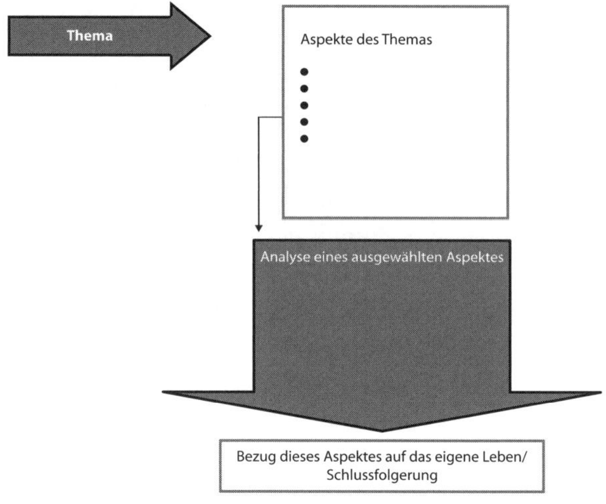

Bei längeren, nicht ganz einfachen theologischen Texten **(K2)** bietet sich die kooperative Arbeitsform des Lerntempoduetts an. Wenn Schülerinnen und Schüler einen längeren Text lesen, kann die Lesegeschwindigkeit ebenso wie die für die Bearbeitung der Aufgaben benötigte Zeit stark variieren. Das Lerntempoduett bietet dann die Möglichkeit einer Binnendifferenzierung.[8] Auf dem Arbeitsblatt werden zunächst einfache Aufgaben gegeben, die dann komplexer werden. Am Ende stehen Aufgaben, die fakultativ und nicht verpflichtend sind. Sobald die Schülerinnen und Schüler mit einer Aufgabe fertig sind, nehmen sie Blickkontakt zu den Mitschülerinnen und Mitschülern auf. Durch ein entsprechendes Handzeichen (Anzahl der ausgestreckten Finger) wird signalisiert, mit welcher Aufgabe man fertig ist. Sobald jemand gefunden wurde, der ebenfalls mit der Aufgabe fertig ist, wird ein freier Arbeitsplatz in der Klasse zur Erledigung der Partnerarbeit gesucht. Nach der Partnerarbeit erfolgt die Bearbeitung der nächsten Aufgabe in Einzelarbeit. Bei der methodischen Einführung des »Lerntempoduetts« sollte mit den Schülerinnen und Schülern besprochen werden, dass es legitim, ja erwünscht ist, dass jeder in seinem eigenen Tempo arbeiten kann.

Verlaufsplan

Der Text »Säkularisierung oder Traditionsabbruch« **(K1)** wird von den Schülerinnen und Schülern in Einzelarbeit gelesen. Danach werden die Aspekte des Themas, die im Text genannt sind, von den Lernen-

7 Ludger Brüning/Tobias Saum, Erfolgreich unterrichten durch Visualisieren. Grafisches Strukturieren mit Strategien des Kooperativen Lernens, 2. Auflage Essen 2009, S. 98f.; Grafik S. 97.

8 Zur Individualisierung und Differenzierung durch kooperatives Lernen vgl. auch Brüning/Saum (2009): Erfolgreich unterrichten 2, S. 113ff.

den ebenfalls in Einzelarbeit gesammelt und in das obere Rechteck eingetragen. In der nachfolgenden Gruppenarbeitsphase (Dreier- oder Vierergruppen) können die Aspekte verglichen und gegebenenfalls ergänzt werden. Jedes Gruppenarbeitsmitglied sucht sich im Folgenden einen Aspekt aus, mit dem er/sie sich weiter beschäftigen möchte. Interessieren sich zwei Lernende für den gleichen Aspekt, so wird gelost. Dann folgt wieder eine Einzelarbeitsphase, in der die Schülerinnen und Schüler selbstständig den von ihnen ausgewählten Aspekt analysieren und diesen auf das eigene Leben beziehen. Nachfolgend werden die Arbeitsergebnisse wieder in der Gruppe vorgestellt und diskutiert. Am Ende trägt jedes Gruppenmitglied eine persönliche Schlussfolgerung in seinen rechten Winkel ein. Im Plenum können dann einzelne Ergebnisse vorgestellt und auf die letzte Frage im Text: »Wie überlebt das Christentum die Moderne?« bezogen werden.

Der Text von Moltmann (**K2**) wird von den Schülerinnen und Schülern gelesen. Die erste Aufgabe besteht darin, in drei prägnanten Thesen zusammenzufassen, welche Bedeutung die Botschaft Jesu für die Kirche heute hat. In der nachfolgenden Partnerarbeitsphase werden die Thesen miteinander verglichen, eventuell modifiziert oder ergänzt. Danach beginnt eine weitere Einzelarbeit, in der es darum geht, Pro- und Contra-Argumente dafür zu sammeln, ob die Thesen Moltmanns aus dem Jahr 1973 auch in der heutigen Gesellschaft und für die heutige Kirche noch Gültigkeit beanspruchen können. Auch hier werden die gefundenen Argumente im Anschluss in einer Partnerarbeit besprochen und vervollständigt. Die dritte, komplexere Aufgabe für eine weitere Einzelarbeit wäre dann, ein Konzept oder Vorschläge für die Kirche zu entwickeln, wie diese die von Moltmann geforderte Orientierung an der Botschaft Jesu konkret umsetzen könnte. Hier sollte auch zunächst in Einzelarbeit überlegt und dann kooperativ auf einer Wandzeitung entsprechende Entwürfe entwickelt werden.

Möglichkeiten der Weiterarbeit

Im weiteren Verlauf können die Schülerinnen und Schüler der Frage nachgehen, was Kirche eigentlich in unserer Gesellschaft unentbehrlich macht und wofür sie eintritt. Oder sie erörtern die Frage, wie sie sich selbst ihr Leben in der Zukunft vorstellen, welche Rolle die Kirche dabei spielen sollte und wie die Zukunft der Kirche aussehen könnte. Zur Erschließung dieser Themen bieten sich wiederum kooperative Lernformen an.

K1 Säkularisierung oder Traditionsabbruch?

Wenn man die Entwicklung der konfessionellen und zumal der kirchlichen Verhältnisse Westeuropas um die Wende zum dritten Jahrtausend nach Christus betrachtet, so drängt sich der Eindruck eines langfristigen Trends auf, der jedoch unterschiedlich gedeutet wurde und gedeutet wird. [...]

Der Langfrist-Trend, den die Betrachtung der religiösen Verhältnisse in Westeuropa, den Kernländern der abendländischen Christenheit, suggeriert, wird – vor allem in der evangelischen Theologie – gerne als *Säkularisierung* bezeichnet. Das stellt aus meiner Sicht der Dinge eine Verharmlosung der tatsächlichen Entwicklung dar, die wir in den letzten Jahrzehnten beobachten können. Der Begriff der Säkularisierung beinhaltet eine Verselbständigung und thematische Reinigung des religiösen Bereichs, bei gleichzeitiger Freisetzung der übrigen Gesellschaftsbereiche vom Kontrollanspruch der kirchlich verfassten Religion. Zum mindesten in Deutschland ist jedoch heute ein eklatanter *Abbruch religiöser Traditionen in beiden Konfessionen* zu beobachten, der auch die Existenz der Kirchen in ihrer bisherigen Verfassung bedroht.

Einige statistische Hinweise mögen dies einleitend verdeutlichen. Der unmittelbarste Indikator ist die *wachsende Konfessionslosigkeit.* [...] Insbesondere in den Jahren nach der Vereinigung gab es eine regelrechte Kirchenaustrittswelle in Ost und West, zu der dieses Mal auch die Katholiken erheblich beitrugen. Von 1990 bis 2008 sind »2 471 752 Menschen aus der katholischen Kirche ausgetreten, bei 161 134 Wiederaufnahmen und 77 710 Eintritten«: im gleichen Zeitraum »haben 3,8 Millionen Menschen die evangelische Kirche verlassen« [F. W. Graf]. Die jüngste Vertrauenskrise, welche durch das Öffentlich-Werden eines erheblichen, durch Kleriker verübten sexuellen Missbrauchs von Kindern und Jugendlichen ausgelöst wurde, hat zu einem sprunghaften Anstieg der Kirchenaustritte geführt, vor allem unter Katholiken.

Betrachten wir die neuen Bundesländer, so bilden dort die Konfessionslosen – oder wie sie sich vielleicht selbst bezeichnen würden, die Konfessionsfreien – heute rund 70 % der Bevölkerung. Das Christentum ist in den neuen Bundesländern somit zu einem – zudem stark überalterten – Minderheitenphänomen von knapp 25 % Protestanten und 5 % Katholiken geworden. Etwa die Hälfte der 70 % Konfessionslosen hat diese Zuordnung bereits von ihren Eltern übernommen, und so scheint die Konfessionslosigkeit zum Familienerbe zu werden, was sich auch darin äußert, dass hier Kircheneintritte von Konfessionslosen weit seltener als im Westen stattfinden.

Michael N. Ebertz hat in einer sehr detaillierten Analyse neuerer Umfragedaten gezeigt, wie sehr auch unter den konfessionell Gebundenen, ja sogar unter den kirchennahen und kirchlich aktiven Christen sich die religiöse Orientierung vervielfältigt und die Verbundenheit mit der jeweiligen kirchlichen Tradition gelockert hat. [...] Für die jüngeren Generationen stellt er fest: »Die persönliche Religiosität wird ... immer weniger noch als christliche verstanden, löst sich also nicht nur aus traditionalen kirchlichen Bindungen, Glaubensvorstellungen und -praktiken, sondern sieht sich immer weniger auch in einem ›überkonfessionellen christlichen Traditionsstrom‹ verankert. Unterdurchschnittlich ist bei ihnen auch die Existenzdeutung ausgeprägt, ›mit Hilfe des Glaubens ein sinnvolles Leben zu führen‹ und im Leben ›den Willen Gottes zu erfüllen, um am Ende die ewige Seligkeit zu erlangen.‹ Persönlichkeitsentwicklung, viel Freude im Leben zu haben und Lebensgenuss als Lebenszweck gewinnen zwar auch in der Gesamtbevölkerung und unter älteren Menschen, selbst unter kirchennahen Christen, an Bedeutung, erreichen aber die höchsten Stellenwerte insbesondere in der Generation der heute unter 29-jährigen.« [...]

Die verfügbaren Befunde deuten nicht nur auf einen allgemeinen Rückgang von Kirchenbindung und christlicher Gläubigkeit hin, sondern auf einen ganz spezifischen Zusammenhang mit modernisierenden Lebensbedingungen. Konfessionslosigkeit nimmt überdurchschnittlich unter den Gebildeten und unter großstädtischen Verhältnissen zu. Einigermaßen intakte konfessionelle Milieus existieren überwiegend in ökonomisch zurückgebliebenen Regionen. Überhaupt scheint Kirchlichkeit stark mit traditionalen Faktoren zu korrelieren. Insbesondere aber deutet die starke Altersabhängigkeit der Kirchenbindung bzw. Entkirchlichung darauf hin, dass hier Faktoren am

Werke sind, welche auch für die Zukunft eine Fortsetzung des diagnostizierten Trends erwarten lassen. Die Unkirchlichen leben weithin »religionsabstinent«; soweit sich alternative Religiositätsmuster nachweisen lassen, finden sie sich bei den Kirchenverbundenen, welche somit traditionelle und alternative Religiositätsmuster (z. B. Esoterik, Praktiken aus anderen Weltreligionen) kombinieren.

Nicht nur die Kirchenbindung, auch das Vertrauen in die Kirchen hat stark gelitten, wenigstens in Deutschland. In einer Umfrage des Gallup-Instituts für das World Economic Forum (2003) ergab sich, dass »religiöse Gruppen und Kirchen« in Deutschland das geringste Vertrauen von allen erfragten Institutionen genießen. Eine vergleichbare Studie von Mc Kinsey (2003) fragte genauer nach »Evangelischer« und »Katholischer Kirche« in Deutschland, und die Ergebnisse beider Untersuchungen konvergieren, wobei die katholische Kirche schlechter abschneidet. Das bedenklichste Ergebnis ist die weitgehende Irrelevanz der Kirchen: Man hat wenig Vertrauen zu ihnen *und* man sieht geringen Reformbedarf; das heißt sie sind der Mehrheit im Vergleich zu den anderen Institutionen *gleichgültig*, und das gilt am stärksten für die katholische Kirche.

Deshalb lautet die Leitfrage […]: Wie überlebt das Christentum die Moderne?

Franz-Xaver Kaufmann, Kirchenkrise. Wie überlebt das Christentum? © Verlag Herder GmbH Freiburg i. Br. [2]2011, S. 13–17 (in Auszügen)

K2 Jesus - Herausforderung für die Kirche

Von allen Seiten wird heute die Kirche kritisiert. Kritik an der Kirche scheint zum festen Vorurteil des modernen Menschen und einer Gesellschaft im raschen sozialen Wandel zu gehören. Für viele hat sich das Interesse am Christentum auf eine negative Kritik an der Kirche reduziert. [...]

Die *Kritik an der Kirche von außen* kann in einem Punkt zusammengefasst werden: Die Kirche ist mit ihrem Geld, ihren öffentlichen Institutionen, ihren religiösen Symbolen und ihrer Moral mit einem alten Gesellschaftssystem verkoppelt, das heute an vielen Stellen Unfrieden, Ungerechtigkeit und Bedrückung in der Menschheit verbreitet. Sie ist zum Erfüllungsgehilfen der Herrschaft einer bestimmten Klasse, Rasse und Kultur gemacht worden. Darum wird die Gesellschaftskritik der Opfer dieser Gesellschaft immer auch zur Kritik an der Religion dieser Gesellschaft werden, die von den Kirchen in dieser Gesellschaft vertreten wird. Umgekehrt muss darum jede Kirchenkritik unausweichlich zur Kritik an der babylonischen Gefangenschaft der Kirche[1] in der herrschenden Gesellschaftsschicht werden.

Wer kann die Kirche mit ihrer Organisation, ihrer Verkündigung und ihrer Moral aus den Fesseln dieser Gefangenschaft befreien? [...]

Der *Nerv der Kirche ist Jesus selbst,* denn jede Kirche beruft sich auf ihn und nennt sich nach seinem Namen. Man muss die Kirche, die Christen und die Theologie beim Wort nehmen. Jesus selbst ist die *Kritik der Kirche von innen.* Er ist die Kritik ihrer Unwahrheit, denn er ist der Ursprung ihrer Wahrheit. Der kritische Vergleich der Kirche mit der gegenwärtigen Gesellschaft ist wichtig, aber er ist noch harmlos gegenüber dem kritischen Vergleich der Kirche mit dem Mann aus Nazareth, auf den sie sich beruft. Ob die Kirche in einer geteilten, bedrückenden und entfremdeten Gesellschaft selbst entfremdet, geteilt und zum Komplizen der Unterdrückung anderer Menschen wird, entscheidet sich zuerst und zuletzt daran, ob ihr Jesus ein Fremder ist, oder ob er der ihre Existenz und ihre Gestalt bestimmende Herr ist. [...] Auf wen beruft sich die Kirche eigentlich? Für wen arbeitet sie? Für die Götzen der Gesellschaft, der Klasse, der Rasse oder der Nation – oder für den gekreuzigten Christus? [...]

Jesus, und zwar der Gekreuzigte, ist die *wahre* Herausforderung der christlichen Kirche, die sich nach seinem Namen zu nennen wagt, denn er ist die Herausforderung ihrer *Wahrheit.* Ob die Kirche heute mit den Herausforderungen der Gesellschaft fertig wird, entscheidet sich zuletzt daran, wie sie auf die Herausforderung antwortet, die von Jesus ausgeht. [...]

Wir wissen vom historischen Jesus nicht viel, aber doch mehr, als skeptische Historiker und Theologen meinen. [...] Jesus verkündete das kommende Reich Gottes. Aber er verkündete es nicht als Gericht nach dem Gesetz, sondern als zuvorkommende schöpferische Gnade Gottes den Armen, den Rechtlosen und Ungerechten.

[...] Das ist das Zweite: Jesus verkündete eine neue Gerechtigkeit: Nicht mehr die Gottesgerechtigkeit nach dem Gesetz, das jedem das Seine gibt, sondern das schöpferische Recht der Gnade, das Ungerechte gerecht macht und Hoffnungslosen eine neue Zukunft des Lebens gibt. [...] Er brachte eine neue Liebe in die Welt: es ist die Liebe zu den Feinden (Mt 5,43 ff), weil die Sonne Gottes über Böse und Gute aufgeht, und zwar nach Mt 5,45 über die Bösen zuerst.

[...] Und ein drittes: In der Bußbewegung Johannes des Täufers heißt Buße Umkehr; Umkehr von der Gesetzlosigkeit zum heiligen Gesetz, nach dem Gott richten wird. Bei Jesus heißt Buße auch Umkehr, aber Umkehr von der Traurigkeit zur Freude, von der Angst vor der Zukunft Gottes zur Hoffnung auf sie. Sein Leben war nicht das Leben eines großen Büßers, der am Elend der Welt und der Bosheit der Menschen leidet. Es war ein durch und durch festliches Leben. Die Gottesherrschaft war für ihn und seine Jünger gleich einer Hochzeitsfreude.

[...] Fassen wir seine Botschaft zusammen: Das Reich Gottes kommt zu den Armen, das Recht der Gnade kommt zu den Bösen, und die Freude Gottes kommt zu den Traurigen. Vergleichen wir diese 3 Hauptpunkte der Botschaft Jesu mit der Botschaft der Kirche und ihrem Leben heute, so entsteht Kritik am

1 Schrift Luthers »Von der babylonischen Gefangenschaft der Kirche« aus dem Jahr 1520, in der Luther den Bruch mit der Sakramentslehre der römisch-katholischen Kirche vollzog.

unchristlichen Wesen der Kirche und Befreiung der Kirche zu ihrer Christlichkeit.

1. Wie kann die Kirche *das Evangelium vom Reich Gottes den Armen* bringen, wenn sie selbst reich ist und am Reichtum der Reichen auf Kosten der Armen teilnimmt? Wie kann die Kirche Christi ihre eigene Macht durchsetzen und sich zur Herrin und Lehrmeisterin der Völker in Politik und Moral aufschwingen? Wie können die Kirchen meinen, Jesus nachzufolgen, wenn heute ausgerechnet die Armen, die Arbeiter, die Arbeitslosen, die Gefangenen sich von der Kirche abwenden? Jesu »Evangelium vom Reich Gottes für die Armen« ist einseitig und parteilich. Das Evangelium vom Reich Gottes an die Reichen sieht, wie die Geschichte vom reichen Jüngling und vom armen Lazarus zeigen, anders aus. [...] Wenn Christen und Kirchen Jesus heute folgen, dann können sie nicht länger reich werden, indem sie viele arm machen. Heute werden viele Menschen nicht auf privatem Wege arm gemacht, sondern durch ungerechte Wirtschaftssysteme. Die Kirche ist mit ihrem Besitz und ihren Geldanlagen in Aktien in diese Wirtschaftssysteme verflochten, die viele arm machen. »Misereor«, »Caritas« und »Brot für die Welt« sind zwar notwendig, um Verhungernde am Leben zu erhalten. Aber die Armen brauchen nicht Almosen vom Überfluss der Reichen, sondern menschliche Anerkennung durch soziale Gerechtigkeit. Dafür müssen die Wirtschaftssysteme der Ausbeutung, die entwürdigen, überwunden werden. Will die Kirche eine glaubwürdige Kirche Christi werden, dann kann sie sich nicht länger zum Komplizen ungerechter Wirtschafts- und Eigentumsverhältnisse machen und machen lassen. [...]
2. Wie kann die Kirche das *Recht der Gnade* zu den Rechtlosen bringen, wenn sie Menschen nach moralischen Gesetzen beurteilt und verurteilt? [...] Eine Kirche, die von der Gnade Jesu lebt, bricht mit der Moral und den Gesetzen der etablierten Gesellschaft und begibt sich mit Jesus »in schlechte Gesellschaft« (Adolf Holl). Sie wird lieber den Vorwurf ertragen, selbst »unmoralisch« zu sein, als die »Unglücklichen« zu verdammen und auszuschließen. Sie wird lieber zum »Verräter« der heiligsten Güter der anständigen Gesellschaft als zum Verräter der befreienden Gnade Jesu und der Unglücklichen, die sie brauchen. [...]
3. Wie kann eine Kirche die *Freude Gottes* bei den Traurigen feiern, wenn die Christen so ängstlich und ohne Freude leben? Eine freudlose Kirche ist ein trauriger Verein. Eine Kirche, die keine Feste mehr feiern kann, hat das Evangelium verloren. [...] Auch heute kann der Gottesdienst als das »messianische Fest der Freiheit Jesu« nicht gefeiert werden, ohne dass zugleich Sklaven befreit, Schuld erlassen und soziale Gerechtigkeit in die Welt gebracht werden. [...] Dieses Fest wird gefeiert, wo immer ein Stück Befreiung geschieht: in der Lösung einer Seele von Bedrückung durch Schuld, in einem Slum von Nairobi, wo Kinder zur Schule gebracht werden, in einer notwendigen Revolution ungerechter Verhältnisse. Das ganze Leben Jesu war ein festliches Leben. [...] Das »Fest mit Jesus« geschieht im Alltag der Welt, wo immer ein Stück Freiheit sich ereignet. [...]

Zum Schluss: Jesus ist mit seiner Botschaft, seinem Kreuz und seiner Auferstehung die härteste Kritik der vorhandenen Kirche. Indem sich die Kirche dennoch ständig auf ihn beruft, sitzt sie gleichsam auf einem Pulverfass. Es ist unsere Hoffnung, dass dieses Pulverfass bald explodiert, um im Gleichnis zu bleiben. Ohne Gleichnis und persönlich gesprochen: Ich hoffe auf die Kirche, weil ich an Jesus glaube. Ich leide an der Kirche, weil ich Jesus liebe. Und weil ich um Jesu willen auf das Reich, die Gnade und die Freude Gottes hoffe, darum warte ich mit den Armen, Schuldigen und Traurigen auf die Wiedergeburt der wahren Kirche bei ihnen.

Jürgen Moltmann: Jesus und die Kirche, in: Walter Kasper/Jürgen Moltmann: Jesus Ja – Kirche Nein?, Zürich, Einsiedeln, Köln 1973, S. 37–63 (Text S. 37–40; 42–46; 48–50; 63)

8 Galerie-Rundgang

»Zwischen Abseits und Jenseits« – Kooperative Lernarbeit bei der Erstellung eines Galerierundgangs zum Thema »Fussball und Religion«

Medien und Materialien

- Materialien zum Thema »Fußball und Religion«, beispielsweise aus dem Themenheft *Zwischen Abseits und Jenseits – Fußball und Religion*[1]
- L1: Tipps zur Postergestaltung
- L 2: Zwischen Jenseits und Abseits – Posterbeispiel
- Computerprogramm PowerPoint
- Großformatige Präsentationen (Poster) für die Ausstellung

Vorbereitung

Die Lehrkraft stellt im Vorfeld geeignete Materialien zum Themenfeld »Fußball und Religion« zusammen, die die Schülerinnen und Schüler im Unterricht bearbeiten können. Zur Erstellung der großformatigen Präsentationen für den Galerierundgang sollte ein Zugang zu Computern und die Nutzung des Programms PowerPoint zur Verfügung stehen. Zur Einführung bietet es sich an, mit den Schülerinnen und Schülern im Unterricht einen Film[2] zum Thema anzuschauen, der die Parallelen zwischen Fußballbegeisterung und Religiosität verdeutlicht, beispielsweise die WDR-Dokumentation *Leuchte auf, mein Stern Borussia*[3].

Religionspädagogischer Kommentar

Fußball-Fans »pilgern« in die »Fußball-Tempel«, zum »heiligen Rasen«, um ihren »Idolen« zu huldigen und für ein »Fußball-Wunder« zu »beten«. Die »Hand Gottes« entscheidet wichtige Spiele, nachdem das »erlösende« Tor lange nicht fallen wollte. – Was steckt hinter den Redewendungen? Worin besteht die spezielle Verbindung zwischen Fußball und Religion?

Religiöse Phänomene und religiöse Dimensionen kommen in unserer Gesellschaft auch jenseits der traditionellen und institutionellen Religionen vor, »Alltagsreligion« findet sich beispielsweise in der Werbung, in der Musik, aber auch im Sport. Bei der Beschäftigung mit diesen Phänomenen können Schülerinnen und Schüler entdecken, dass religiöses Erleben auch in ihrer eigenen Alltagswelt eine große Rolle spielt. Religiöse Rituale werden eben nicht nur in der Kirche gepflegt. Da diese Ausdrucksformen der Lebenswelt der Jugendlichen zumeist näher stehen, ist die Auseinandersetzung mit ihnen für die Schülerinnen und Schüler motivierender, aber auch nur dann, wenn sie nicht zu Demonstrationszwecken missbraucht werden: »Ihr seid ja doch viel religiöser als ihr denkt« oder »Nehmt doch besser anstelle der Ersatzreligion die wahre.«[4] Gleichwohl muss es Ziel des Religionsunterrichtes sein, die religiösen Phänomene in unserem Alltag und in unserer Kultur auch aus theologischer Sicht zu hinterfragen und darüber zu diskutieren. Manfred Pirner hat darauf hingewiesen, dass in der Strittigkeit der Frage, ob etwa Fußball Religion ist, eine »didaktische Chance« liegt, wenn diese »an Handlungsbeispielen und ethischen Urteilsalternativen konkretisiert wird«. Mögliche Impulsfragen, so Pirner, könnten beispielsweise sein:

- »Ist es in Ordnung, wenn Fußballspieler sich vor einem Spiel bekreuzigen oder bei einem Tor ein T-Shirt mit der Aufschrift *Praise God* aufdecken?
- ›Darf man‹ als Fußballfan für einen Sieg der eigenen Mannschaft beten?
- ›Soll man‹ ein Fußballstadion segnen? […]
- Wie ist es zu verstehen und zu beurteilen, wenn Fans sagen ›Der VfB ist meine Religion‹?
- Was soll man davon halten, wenn Fußballfans die Spieler wie Heilige verehren und Fanartikel wie religiöse Devotionalien verwenden?«

1 Oliver Arnhold/Constantin Klein (2014): Zwischen Abseits und Jenseits – Fußball und Religion, Materialien für die Klassen 8–12, Göttingen.

2 Vgl. zum kooperativen Arbeiten mit Filmen auch Kapitel 3.

3 Vgl. http://www.martinbuchholz.com/docs/home.php?menu=1&menu_name=Filme&submenu=&id=69 Im Materialpaket der Zeitschrift Religion 5–10, Heft 1/2011, ist auf einer DVD ein knapp 12-minütiger Ausschnitt aus der WDR-Dokumentation enthalten.

4 Vgl. Manfred Pirner (2006): Ist Gott Fußballfan? Theologische und religionspädagogische Perspektiven zur Fußballweltmeisterschaft, in: Entwurf 1/2006, S. 3–7, S. 6. Folgende Zitate ebd.

Kooperative Arbeitsformen eröffnen ein Forum, in dem solche oder ähnliche Fragestellungen im Unterricht besprochen werden können. Auch die Reaktionen von Religionsgemeinschaften auf die Lebensbedeutsamkeit des Fußballs in unserer Gesellschaft, etwa die Fragen, ob beispielsweise Kirche in Stadionkapellen Präsenz zeigen oder Pastorinnen oder Pastoren Beerdigungen auf Fanfriedhöfen durchführen sollen, bieten Diskussionsstoff für einen **Dialog** im Unterricht. Zu denken wäre aber auch an ethische Fragestellungen, die Gesellschaft, Kirche und Fußball gleichermaßen betreffen: Kommerzialisierung, Globalisierung, Fair Trade, Homophobie, Frauenfeindlichkeit, Rassismus oder Gewalt. Hieran kann Schülerinnen und Schülern deutlich werden, dass Christinnen und Christen sich nicht neutral zu solchen Problemen verhalten können, sondern vielmehr im Sinne christlicher Ethik Position beziehen müssen. Hier kann es sich anbieten, den Religionsunterricht zu öffnen, fächerverbindenden Unterricht durchzuführen, etwa gemeinsam mit den Fächern Sport und/oder Politik/Sozialwissenschaften. Steht zum Schuljahresende eine WM oder EM an, kann aus aktuellem Anlasse auch eine Ausstellung erarbeitet und/oder eine Podiumsdiskussion durchgeführt werden, um die gesamte Schulöffentlichkeit zu diesen Fragen und Problemen mit einzubeziehen.

Intention und Zieltransparenz

Es ist deutlich, dass anhand der Behandlung eines Themas wie *Fußball und Religion* nicht nur die **Wahrnehmungs- und Deutungskompetenz** der Schülerinnen und Schüler geschult wird, religiöse Phänomene in Kultur und Gesellschaft zu identifizieren und in neuen Zusammenhängen zu untersuchen, sondern ihnen auch eine **Urteilskompetenz** abverlangt wird, wie sie selbst zum religiösen Phänomen Fußball und den beschriebenen ethischen Herausforderungen stehen. Im Folgenden liegt der Fokus auf der Herstellung und Durchführung eines Galerierundgangs zum Thema *Fußball und Religion*. Hier ist im Besonderen **methodische Kompetenz** im Umgang mit Medien bei der Erstellung der Visualisierungen, aber auch Präsentationskompetenz beim Vortragen während des Galerierundgangs gefordert.

Kommentar zur kooperativen Lernform

Im Rahmen des kooperativen Lernens findet die Präsentation gewöhnlich in der dritten Phase, der *Share*-Phase, statt, in der die Ergebnisse der Einzel- und Gruppenarbeit im Plenum vorgestellt werden. Gleichwohl finden auch in der zweiten Phase, der *Pair*-Phase, bereits Präsentationen statt, wenn die Ergebnisse der Einzelarbeit in der Gruppen- oder Partnerarbeit vorgestellt werden. Zweck der Vorstellung in der *Share*-Phase ist es, dass die Mitschülerinnen und Mitschüler über die Gruppenergebnisse der anderen informiert werden und an dem erarbeiteten Wissen partizipieren können. Zur Veranschaulichung dieses Wissens ist es zweckmäßig, dieses auch zu visualisieren. Die Erstellung der Visualisierung umfasst alle drei Phasen des kooperativen Lernens, denn für die Herstellung müssen zunächst Informationen gesucht und zusammengefasst sowie Grafiken erstellt und Bilder gesammelt werden, was in Einzelarbeit erfolgen kann. Die Ergebnisse der Einzelarbeiten werden dann in der Gruppe gesichtet und auf die Eignung für die Präsentation hin überprüft. Daraufhin kann zunächst gemeinsam ein Entwurf für eine Visualisierung erstellt werden und die Vorbereitung der einzelnen Bestandteile innerhalb der Gruppe auf einzelne Personen aufgeteilt werden. Die Abschlussredaktion findet dann wiederum in der Gruppe statt, in der auch besprochen wird, was modifiziert und verbessert werden kann. Danach wird in der Gruppe erarbeitet, in welcher Form die Visualisierung später im Plenum vorgestellt werden soll. Wieder kann in Einzelarbeit jedes Gruppenmitglied einen Teil des Vortrags erarbeiten, der dann in der Gruppe zu einem Ganzen zusammengefügt und eingeübt wird. Die Länge des Vortrages sollte verabredet werden. Vor der Präsentation im Plenum ist es ebenfalls sinnvoll, dass jeder Vortrag zunächst vor Gruppenmitgliedern gehalten wird, um sich von diesen ein Feedback zu holen, die Präsentation einzuüben und möglicherweise noch Korrekturen vorzunehmen.

Für die Präsentation im Plenum könnte nun ein Gruppenmitglied ausgelost werden. Dies hätte allerdings den Nachteil, dass die anderen Gruppenmitglieder ihren Vortrag umsonst vorbereitet hätten. Werden die Visualisierungen in Form einer Ausstellung präsentiert, bietet sich ein Galerierundgang an, bei dem alle Schülerinnen und Schüler vortragen können. Haben etwa sieben Gruppen an unterschiedlichen Themen gearbeitet, so werden für die Präsentationsphase Gruppen mit je sieben Mitgliedern gebildet, sodass in jeder Gruppe ein Experte/eine Expertin zu jedem Thema vorhanden ist. Die Gruppen gehen durch die Ausstellung und werden von den Experten/Expertinnen durch deren Vortrag zu den entsprechenden Visualisierungen zum Thema informiert. Die Zuhörerinnen und Zuhörer machen sich zu den einzelnen Vorträgen Stichpunkte und fassen am Ende des Galeriegangs die Ergebnisse der einzelnen Visualisierungen für sich in einer Mindmap zusammen. Anhand der Ergebnisse können dann im Plenum weiterführende und vertiefende Fragen diskutiert werden.

Verlaufsplan

Es könnten beispielsweise folgende Themen in Gruppen bearbeitet werden:
- Gemeinde in Kirche und Stadion
- Fußballgötter und Messiasgestalten
- Rituale, Magie, Aberglaube
- Religion im Fußball
- Grenzen von Fußball und Religion
- Fair Play im Fußball, Kirche und Gesellschaft, z. B. Fair Trade, Homophobie, Frauenfußball, Rassismus, Gewalt im Fußball
- Aktueller Bezug, z. B. WM/EM in einem bestimmten Land

Die Themen werden auf Dreier- bzw. Vierergruppen aufgeteilt, die dann für die Erarbeitung des entsprechenden Themenkomplexes zuständig sind. Beim Thema *Fair Play* bietet sich je nach Größe der Lerngruppe an, dass eventuell mehrere Gruppen unterschiedliche Themen bearbeiten. Die entsprechenden Informationen werden zusammengestellt und mit Bildern und Grafiken ergänzt, die die Schülerinnen und Schüler etwa durch Recherchen im Internet finden. Die Erarbeitung und Recherchen erfolgen in Einzelarbeit, die Vorstellung und Sichtung der Ergebnisse in Gruppenarbeit.

Im Folgenden können die Schülerinnen und Schüler in ihren Gruppen mit PowerPoint großformatige Präsentationen (Poster) für den Galerierundgang erstellen. Dafür muss das Papierformat auf die Größe DinA0 eingestellt werden. Bei Powerpoint 2007 geht dies über den Reiter »Entwurf« und dann über den Button »Seite einrichten«. Bei Papierformat muss nun »Benutzerdefiniert« und bei der Breite 84,1 cm und bei der Höhe 118,9 cm sowie bei den Folien »Hochformat« eingestellt werden.

Nun kann mit der Gestaltung des Posters ähnlich wie bei der Erstellung einer Präsentationsfolie begonnen werden. Es empfiehlt sich, beim Aufbau des Posters Hinweise zu beachten, wie sie beispielsweise von Anna Hirschmüller (Allgemeine Psychologie, Universität Mannheim) für die Erstellung von wissenschaftlichen Postern gegeben werden.[5] Hirschmüller empfiehlt, zunächst im Vorfeld der Erstellung drei Fragen zu klären:
- Welches Ziel soll mit dem Poster erreicht werden?
- Was ist die Kernaussage des Posters?
- An wen richtet sich dieses Poster (Zielpublikum)?

Aufgabe der Gruppe ist es, aus den bisher erarbeiteten Informationen solche auszuwählen, die für das Poster wichtig beziehungsweise unwesentlich sind, um das Ziel der Vermittlung der wesentlichen Informationen an die Mitschülerinnen und -schüler zu erreichen. So kann es in Hinblick auf die Beantwortung der letzten Frage einen Unterschied machen, ob es sich bei dem Zielpublikum um die eigene Klasse handelt oder eine Ausstellung für die gesamte Schulöffentlichkeit geplant ist.

Der Aufbau sollte klar strukturiert sein:

Der Titel gibt »in prägnanter Weise die Hauptaussage des Posters« wieder und muss »so groß geschrieben sein«, dass man ihn »aus ca. 5 Metern Entfernung« gut lesen kann. Außerdem wäre es von Vorteil, wenn er so formuliert ist, dass er die Neugier des Betrachters/der Betrachterin weckt.

Im Inhaltsfeld werden die wichtigsten Informationen zum Thema gegeben; »nach dem Motto ›wichtig zu wissen‹ statt ›schön zu wissen‹«. Dazu bietet es sich an, das Inhaltsfeld in einzelne Abschnitte (Spalten oder Blöcke) zu unterteilen und diese wiederum mit Überschriften zu versehen. Bei der Anordnung der Spalten und Blöcke sollten sich die Schülerinnen

5 Vgl. http://irtel.uni-mannheim.de/lehre/expra/poster/Expraposter.pdf. Folgende Zitate ebd. Für den Hinweis auf diese Internetseite sei Dr. Annina Ligniez herzlich gedankt.

und Schüler überlegen, wie das Poster gelesen werden soll, und eine entsprechende Leserichtung (etwa von oben nach unten oder von links nach rechts) vorgeben. Lange und umständliche Sätze sind zu vermeiden, damit das Poster gut lesbar bleibt. Grafiken und Fotos sollten die Texte visuell unterstützen. Dazu müssen sie allerdings auch die richtige Größe haben, damit die Betrachterinnen und Betrachter etwas erkennen können. Bildunterschriften können die Interpretation unterstützen. Allerdings sollte darauf geachtet werden, dass das Poster nicht mit Bildern und Grafiken überladen wird. Hirschmüller empfiehlt für den Text eine Schriftgröße, die man aus einer Entfernung von 1–1,5 m gut lesen kann, also etwa eine Größe von 36 Punkt. Leicht lesbare Schrifttypen wie Arial, Helvetica oder Times sind verschnörkelten vorzuziehen. Geachtet werden sollte auch auf einen angemessenen Zeilenabstand und einen guten Kontrast zwischen Schrift und Hintergrund.

Im Abschlussteil können die entsprechenden Literaturangaben und Quellen für die Bilder und Grafiken aufgeführt sowie die Namen der Personen angegeben werden, die das Poster erstellt haben.[6]

Werden die Poster lediglich für den Galerierundgang genutzt, können die PowerPointfolien auch am Rechner den Mitschülerinnen und Mitschülern gezeigt oder mit Beamern an die Wand geworfen werden. Dazu sollte den Gruppenmitgliedern, die das Poster noch nicht kennen, ausreichend Zeit zur Betrachtung gegeben werden, bevor die Expertin/der Experte in ihrem/seinen Vortrag das Poster und den Themenkomplex erläutert. Werden die Poster für eine Ausstellung genutzt, ist es sinnvoll, diese drucken zu lassen. Für die Weitergabe zum Druck empfiehlt es sich, das Poster in eine PDF-Datei zu konvertieren, um die Formatstabilität zu sichern.

Möglichkeiten der Weiterarbeit

Die Erstellung der Poster über PowerPoint bietet auch die Möglichkeit, diese über die Kiosk-Funktion von PowerPoint unbeaufsichtigt laufen zu lassen, sodass die Arbeitsergebnisse der Schülerinnen und Schüler etwa mithilfe eines Beamers auch im Pausenfoyer der Schulöffentlichkeit präsentiert werden können.

Sollte eine Ausstellung zum Thema in der Schule durchgeführt werden, könnte auch die kooperative Erarbeitung einer Podiumsdiskussion für die Ausstellungseröffnung überlegt werden. Dazu wäre eine Kontaktaufnahme zu Expertinnen und Experten, etwa Vertreterinnen und Vertreter der Kirchen, von Fußballvereinen oder Fanprojekten, nötig, die entsprechenden Fragen müssten überlegt und eine Moderation vorbereitet werden. Die Ausstellungseröffnung könnte auch dadurch einen Eventcharakter erhalten, dass zum Beispiel in Kooperation mit dem Fach Sport ein Schulfußballturnier in der Sporthalle organisiert wird. Auch die verschiedenen Aufgaben, die für eine solche Ausstellung und Diskussion anfallen, können in Arbeitsgruppen kooperativ geplant und durchgeführt und böten sogar in Hinblick auf ihre Komplexität Möglichkeiten der Binnendifferenzierung innerhalb der Lerngruppe – je nach Leistungsvermögen und Interessen.

6 Vgl. dazu auch L1: Tipps zur Postergestaltung sowie das Beispielposter L2.

L1 Tipps zur Postergestaltung

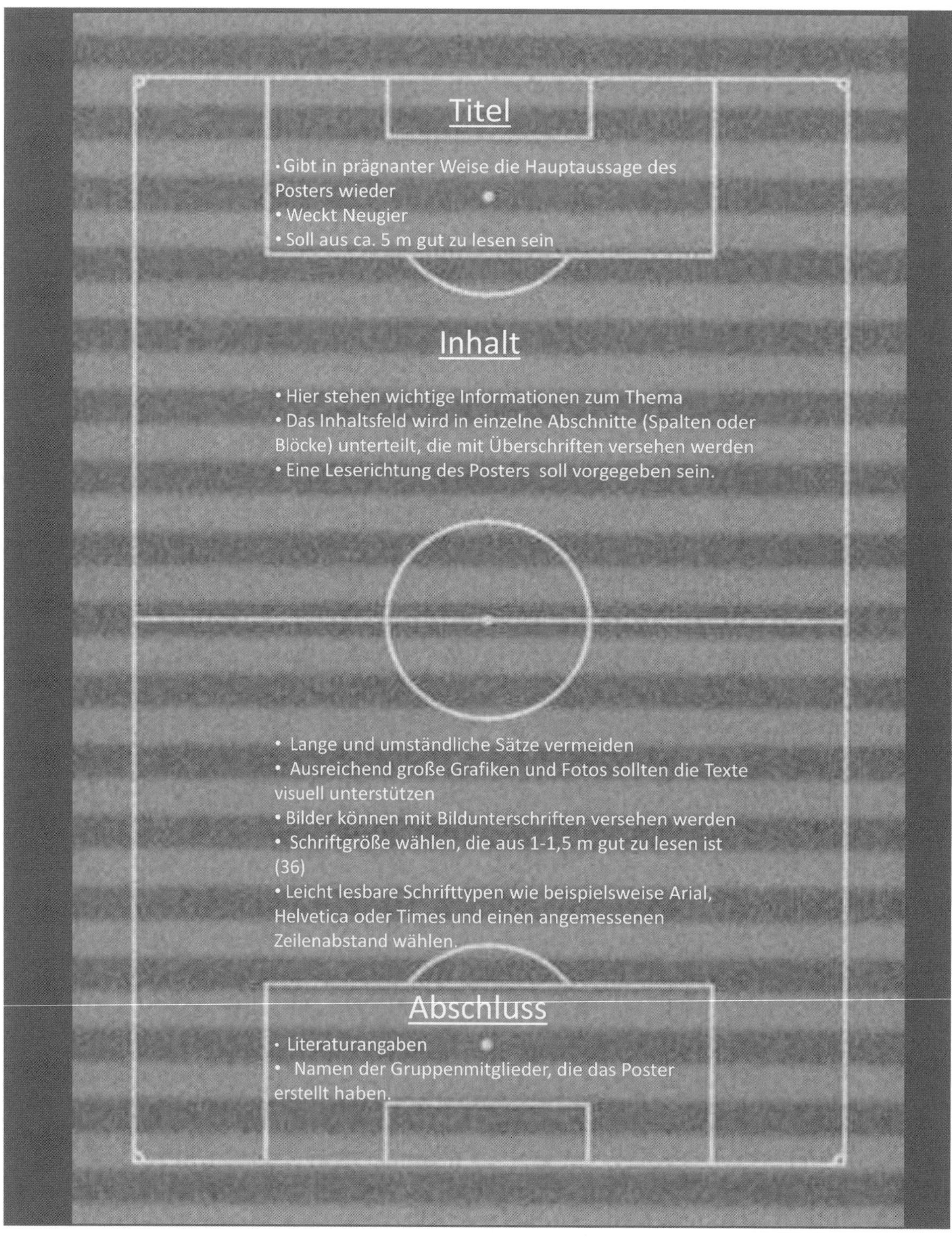

L2 Zwischen Abseits und Jenseits – Posterbeispiel

Zwischen Abseits und Jenseits – Fußball und Religion

Oliver Arnhold / Constantin Klein

Zwischen Abseits und Jenseits – Fußball und Religion

Materialien für Klasse 8–12

<u>Wovon handelt das Themenheft?</u>
Ob »Fußball-Gott« Toni Turek 1954 oder Diego Maradona, der 1986 die »Hand Gottes« für sein WM-Tor bemühte: Die Bezüge zwischen Fußball und Religion sind zahlreich. Im Themenheft wird diesen Fragen nachgegangen, wobei u.a. die Funktion von Mythen und Ritualen im Erleben der Fans, die Religiosität der Akteure selbst sowie die Berichterstattung der Medien in den Blick genommen werden. Zahlreiche strukturelle Ähnlichkeiten zwischen Religion und Fußball können individuell erarbeitet und nachvollzogen werden.

Choreografie im Borussia-Park Mönchengladbach, Revierfoto/picture alliance/dpa

<u>Worum geht es?</u>
Fußball-Fans »pilgern« in die »Fußball-Tempel«, zum »heiligen Rasen«, um ihren »Idolen« zu huldigen und für ein »Fußball-Wunder« zu »beten«. Die »Hand Gottes« entscheidet wichtige Spiele, nachdem das »erlösende« Tor lange nicht fallen wollte. – Was steckt hinter den Redewendungen? Worin besteht die spezielle Verbindung zwischen Fußball und Religion? Spannende Fragen — gerade im Jahr der Fußball-WM.

The World Cup-Fresko, © Felix Reidenbach 2006 (www.2d3d4d.de)

<u>Wie sieht der Inhalt des Themenheftes aus?</u>

Anpfiff: Fußball und Religion
Wie hältst du es mit dem Fußball?; Fever Pitch; Gemeinde in Kirche und Stadion; Leuchte auf mein Stern – Fangesänge
Jogis blauer Pullover – Rituale

1. Halbzeit: Fußball und Kult
Religiöse Ballspiele; Fußballgötter;
Jetzt geh über Wasser! – Der Messias aus München;
Magie, Orakel, Aberglaube; Körperkult

2. Halbzeit: Religion im Fußball
Mit Gott auf Schalke; Ein Leben lang – und darüber hinaus;
Jesus loves you; Keine Knete auf der Brust

Nachspielzeit: Grenzen von Fußball und Religion
Gebet an den Fußballgott; Gibt es einen Fußballgott?;
You'll never walk alone; Der Mann, der der Manolo war

Interviews in der Mixed Zone:
Fair Play im Fußball, in Kirche und Gesellschaft
Ganz in Schwarz – vorm Altar und auf dem Rasen
„Wenn einer 100 Millionen verdient, dann ist er trotzdem noch ein Mensch!" (Ulli Hoeneß); Trikottausch;
Coming out – Homophobie im Fußball;
Trikot und Stutzen statt Kopftuch; Zeig Rassismus die rote Karte!;
Foulspiel – Gewalt im Fußball
Kein Land liebt den Fußball doch mehr als Brasilien

Oliver Arnhold, Constantin Klein
Zwischen Abseits und Jenseits — Fußball und Religion
Materialien für Klasse 8—12
Vandenhoeck & Ruprecht

Literatur und Links

Arnhold, Oliver (2013): »Für mich gestorben!? – Was geht uns der Tod Jesu an?«, in: Mirjam Zimmermann, Fragen im Religionsunterricht, Göttingen, S. 120–127

–/Klein, Constantin (2014): Zwischen Abseits und Jenseits – Fußball und Religion, Materialien für die Klassen 8–12, Göttingen

–/Lenhard, Hartmut (2013): Kirche. Themenheft für den evangelischen Religionsunterricht in der Oberstufe, Göttingen

Benner, Dietrich/Schieder, Rolf/Schluß, Henning/Willems, Joachim (Hg.) (2011): Religiöse Kompetenz als Teil öffentlicher Bildung – Versuch einer empirisch, bildungstheoretisch und religionspädagogisch ausgewiesenen Konstruktion religiöser Dimensionen und Anspruchsniveaus. Paderborn u. a.

Beuscher, Bernd (2009): Langeweile im Religionsunterricht? Göttingen

Brüning, Ludger/Saum, Tobias (2007): Erfolgreich unterrichten durch Visualisieren. Grafisches Strukturieren mit Strategien des Kooperativen Lernens, Essen

–/– (2009): Erfolgreich unterrichten durch Kooperatives Lernen 1 und 2. Strategien zur Schüleraktivierung, Essen

–/– (2011): Schüleraktivierendes Lehren und Kooperatives Lernen – ein Gesamtkonzept für guten Unterricht, in: GEW NRW (Hg.): Frischer Wind in den Köpfen. Bochum

Burrichter, Rita u.a. (2012): Professionell Religion unterrichten, Stuttgart

Bussmann, Cornelia/Karsch Manfred (2012): Unser Stern über Bethlehem, Entdeckendes Lernen zur Adventszeit mit den Klassen 3–6, Göttingen

–/– (2013): Jesus begegnen, Entdeckendes Lernen mit Paulus für die Klassen 3–6. Göttingen

–/– (2013): Mit Jesus auf neuen Wegen, Entdeckendes Lernen zu Passion und Ostern mit den Klassen 3–6. Göttingen

Crüsemann, Frank (1993): Bewahrung der Freiheit. Das Thema des Dekalogs in sozialgeschichtlicher Perspektive. München

Ebach, Jürgen: Bibel und Toleranz. Kein leichtes Thema, Vortrag in St. Johann, Lemgo, 5. September 2013 [unveröffentlicht]

Eickmann, Jeanette/Peter, Dietmar (2012): Kompetenzorientiert unterrichten im RU – Bausteine zu den EPAs. Göttingen

EKD-Texte Nr. 96: Kirchenamt der EKD (Hg.) (2009): Theologisch-Religionspädagogische Kompetenz. Professionelle Kompetenzen und Standards für die Religionslehrerausbildung. Hannover

EKD-Texte Nr. 109: Kirchenamt der EKD (Hg.) (2010): Kerncurriculum für das Fach Evangelische Religionslehre in der gymnasialen Oberstufe – Themen und Inhalte für die Entwicklung von Kompetenzen religiöser Bildung. Hannover

EKD-Texte Nr. 111: Kirchenamt der EKD (Hg.) (2010): Kompetenz und Standards für den Evangelischen Religionsunterricht in der Sekundarstufe I – ein Orientierungsrahmen. Hannover

Feindt, Andreas/Elsenbast, Volker/Schreiner, Peter/Schöll, Albrecht (Hg.) (2009): Kompetenzorientierung im Religionsunterricht – Befunde und Perspektiven. Münster u. a.

Fischer, Dietlind/Elsenbast, Volker (Hg.) (2006): Grundlegende Kompetenzen religiöser Bildung. Zur Entwicklung des evangelischen Religionsunterrichts durch Bildungsstandards für den Abschluss der Sekundarstufe I. Münster

Freudenberger-Lötz, Petra (2012), Theologische Gespräche mit Jugendlichen: Erfahrungen – Beispiele – Anleitungen – Ein Werkstattbuch für die Sekundarstufe, München

Friedrich, Jürgen (2010): »What children can do together today, they can do alone tomorrow«, in: nds 10/2010, Essen, S. 10 f.

Gennerich, Carsten (2010): Empirische Dogmatik des Jugendalters – Werte und Einstellungen Heranwachsender als Bezugsgrößen für religionsdidaktische Reflexionen. Stuttgart

Görtz, Astrid (2007): Existentielle Lebensqualität – Über die Messbarkeit von Glück und Wohlbefinden

Grasser, Patrick (2014): Inklusion im Religionsunterricht, Göttingen

Green, Norman ([7]2012): Kooperatives Lernen im Klassenraum und im Kollegium. Seelze

Grümme, Bernhard/Lenhard, Hartmut/Pirner, Manfred L. (Hg.) (2012): Religionsunterricht neu denken – Innovative Ansätze und Perspektiven der Religionsdidaktik. Stuttgart

Hattie, John/Beywl, Wolfgang/Zierer, Klaus (2013): Lernen sichtbar machen. Hohengehren

Helbing, Dominik (2010): Religiöse Herausforderung und religiöse Kompetenz – Empirische Sondierungen zu einer subjektorientierten und kompetenzbasierten Religionsdidaktik. Wien u. a.

Husmann. Bärbel (2012): Anforderungssituationen – Ein Muss bei der Gestaltung von Lernaufgaben für religiöse Bildungsprozesse in der Schule?, in: Thomas Klie/Dietrich Korsch/Ulrike Wagner-Rau (Hg.): Differenz – Kompetenz. Religiöse Bildung in der Zeit. Leipzig, S. 245–256

Johannsen, Friedrich: Selig sind die Friedenstifter – Der Streit um die Bergpredigt, in: Ulrich Becker/Friedrich Johannsen/Harry Noormann (1993): Neutestamentliches Arbeitsbuch für Religionspädagogen, Stuttgart, S. 37–53

Karsch, Manfred (2012): Die Pfingstgeschichte im kompetenzorientierten RU? Zur Funktion einer Diagnoseaufgabe für die Unterrichtsplanung mit dem Kernlehrplan an Gymnasien, in: ru intern 2/2012, S. 4–5

– (2014): Jesus von Assisi – Franziskus, Mit einem Film im kompetenzorientierten Religionsunterricht arbeiten, in: ru_intern 2/2014, S. 7–9

–/Kunter, Silvia (2012): Gottesvorstellungen im Laufe des Lebens – Unterrichtsbausteine zum Inhaltsfeld Entwicklung einer eigenen religiösen Identität Jg. 5–6. Buxtehude

–/Kunter, Silvia (2012): Mit Martin Luther auf der Suche nach Gott – Unterrichtsbausteine zum Inhaltsfeld Entwicklung einer eigenen religiösen Identität Jg. 7.–9. Buxtehude

–/Kunter, Silvia/Rasch, Christian (2012): Kirche in konfessioneller Vielfalt – Unterrichtsbausteine zum Inhaltsfeld Kirche und andere Formen religiöser Gemeinschaft. Jg. 5–6. Buxtehude

–/Rasch, Christian (2007): Religionsunterricht mit Filmen. Göttingen

Kaufmann, Franz-Xaver: Kirchenkrise ([2]2011). Wie überlebt das Christentum? Freiburg i. Br.

Klafki, Wolfgang (1985): Neue Studien zur Bildungstheorie und Didaktik. Weinheim und Basel

Klie, Thomas/Korsch, Dietrich/Wagner-Rau, Ulrike (Hg.): Differenz – Kompetenz. Religiöse Bildung in der Zeit. Leipzig

Klose, Britta (2014): Diagnostische Wahrnehmungskompetenzen von ReligionslehrerInnen. Stuttgart

Kohlberg, Lawrence (1996): Die Psychologie der Moralentwicklung. Frankfurt/M.

Kremers, Thomas/Saum, Tobias (2013), Auf Hatties Prüfstand, in: nds 10/2013, Essen, S. 12 f.

Lindner, Heike (2012): Kompetenzorientierte Fachdidaktik Religion, Göttingen

Michalke-Leicht, Wolfgang (Hg.) (2011): Kompetenzorientiert unterrichten – Das Praxisbuch für den Religionsunterricht. München

Obst, Gabriele ([3]2010): Kompetenzorientiertes Lehren und Lernen im Religionsunterricht. Göttingen

–/Rothgangel, Martin (2012): Kompetenzorientierte Religionspädagogik, in: Grümme, Bernhard/Lenhard, Hartmut/Pirner, Manfred L. (2012): Religionsunterricht neu denken – Innovative Ansätze und Perspektiven der Religionsdidaktik. Stuttgart

Pirner, Manfred L. (2006), Ist Gott Fußballfan? Theologische und religionspädagogische Perspektiven zur Fußballweltmeisterschaft 2006, in: Entwurf 1/2006, S. 3–7

– (2012): Wer ist guter Lehrer/eine gute Lehrerin? Ergebnisse der Lehrerprofessionsforschung, in: Rita Burrichter u. a. 2012, S. 27

Pohl-Patalong, Uta (2013): Religionspädagogik – Ansätze für die Praxis. Göttingen

Rendle, Ludwig (Hg.) (2007): Ganzheitliche Methoden im Religionsunterricht, Neuausgabe München

Rothgangel, Martin (2012): Der gute Religionslehrer/die gute Religionslehrerin im Spiegel der religionsdidaktischen Konzepte und Ansätze, in: Rita Burrichter u. a. (2012): Professionell Religion unterrichten – ein Arbeitsbuch. Stuttgart, S. 47

– (2014): Religionspädagogik im Dialog I – Disziplinäre und interdisziplinäre Grenzgänge. Stuttgart

Rupp, Hartmut (2008): Kompetenzorientierung als Methode, Entwurf 2 (2008), S. 9–11

Schlag, Thomas Schlag/Schweitzer, Friedrich (2011): Brauchen Jugendliche Theologie? Jugendtheologie als Herausforderung und didaktische Perspektive, Neukirchen

– (2012), Jugendtheologie. Grundlagen – Beispiele – kritische Diskussion, Neukirchen

– (2013), Jahrbuch für Jugendtheologie Band 1: »Wenn man daran noch so glauben kann, ist das gut«. Grundlagen und Impulse für eine Jugendtheologie, Stuttgart

Schluß, Henning/Willems, Joachim (Hg.) (2011): Religiöse Kompetenz als Teil öffentlicher Bildung – Versuch einer empirisch, bildungstheoretisch und religionspädagogisch ausgewiesenen Konstruktion religiöser Dimensionen und Anspruchsniveaus. Paderborn u. a.

Schreiber, Tony (2013): Der Schatten des Galiläers. Nach dem Bestseller von Gerd Theißen. Gütersloh

Schweitzer, Friedrich (2008): Elementarisierung und Kompetenz. Wie Schülerinnen und Schüler von »gutem Religionsunterricht« profitieren. Neukirchen-Vluyn

Sölle, Dorothee (1978): Phantasie und Gehorsam. Stuttgart

Standhartinger, Angela: Glück in der Bibel (2005), in: Ilona Nord/Fritz Rüdiger Volz (Hg.): An den Rändern. Theologische Lernprozesse mit Yorick Spiegel. Münster, S. 347–360

Theißen, Gerd (2008): Der Schatten des Galiläers. Gütersloh.

–/Annette Merz (2001): Der historische Jesus – ein Lehrbuch. Göttingen

Weinert, Friedrich E. (2002) (Hg.): Leistungsmessungen in Schulen. Weinheim

Wirth-Uffelmann, Veronika: Kooperatives Lernen im Religionsunterricht, forum religion 2/2010, S. 3

Ziener, Gerhard (2010): Bildungsstandards in der Praxis – Kompetenzorientiert unterrichten. Seelze

Ziener, Gerhard/Kessler Mathias (2012): Kompetenzorientiert unterrichten – mit Methode. Methoden entdecken, verändern, erfinden. Seelze

Zimmermann, Mirjam (2010): Gerd Theißen: Der Schatten des Galiläers. Zum Umgang mit einer Ganzschrift im Religionsunterricht, in: Religion betrifft uns 2/2010, S. 1–32

– , Mirjam (2013): Fragen im Religionsunterricht, Göttingen

– , Mirjam / Hellwig, Michael (2011): Wo glaubst du hin? Kreatives Schreiben im Religionsunterricht, Göttingen

Zimmermann, Ruben/Zimmermann, Mirjam (2013): Handbuch Bibeldidaktik, Tübingen

Alle Internetquellen eingesehen im Mai 2014.

http://www.bildung-staerkt-menschen.de/service/downloads/Bildungsstandards/Gym/GymevRbs.pdf

http://www.cimuenster.de/biblioinfothek/open_access_pdfs/Kompetenzorientierte_Lehrplaene_fuer_die_Sek_I_im_Vergleich_2012.pdf

http://www.dbk-shop.de/media/filespublic/pnjfiujyth/DBK1178.pdf

http://www.ekd.de/download/ekd_v_kmu2014.pdf

http://www2.ekiba.de/download/RuppDieBibelimkompetenzorientRU.pdf

http://www.martinbuchholz.com/docs/home.php?menu=1&menu_name=Filme&submenu=&id=69

http://www.materialserver.filmwerk.de/arbeitshilfen/AHzeitfensterA4web.pdf

http://www.standardsicherung.schulministerium.nrw.de/lehrplaene

http://www.uni-siegen.de/phil/evantheo/mitarbeiter/zimmermannmirjam/links.html?lang=d

Die Autoren

Oliver Arnhold, *1967, Dr. phil.; Lehrer für Mathematik und Ev. Religionslehre am Christian-Dietrich-Grabbe-Gymnasium in Detmold; Fachleiter für Ev. Religionslehre am Zentrum für schulpraktische Lehrerausbildung, Seminar Gymnasium/Gesamtschule, in Detmold; Dozent für Religionspädagogik und kirchliche Zeitgeschichte an den Universitäten Bielefeld und Paderborn.
Für Rückmeldungen: oliver.arnhold@uni-bielefeld.de

Manfred Karsch, *1957, Dr. phil.; Studium der Evangelischen Theologie und Erziehungswissenschaft; Pfarrer, Schulreferent des Ev. Kirchenkreises Herford; Lehrbeauftragter für Religionspädagogik an der Universität Bielefeld. Für Rückmeldungen:
manfred.karsch@schulreferat-herford.de